Sept chatons
à nourrir

BIOGRAPHIE

Petite fille, Lucy Daniels aimait beaucoup lire, et rêvait d'être écrivain. Aujourd'hui, elle vit à Londres avec sa famille et ses deux chats, Peter et Benjamin. Originaire de la région du Yorkshire, elle a toujours aimé la nature et les animaux, et s'échappe à la campagne dès qu'elle le peut.

ILLUSTRATIONS INTÉRIEURES : PHILIPPE MIGNON

L'auteur adresse un grand merci à Linda Chapman.
Elle tient également à remercier C. J. Hall, médecin vétérinaire.
Conception de la collection : Ben M. Baglio
Titre original : *Tabby in the Tub*
© 1999, Working Partners Ltd.
Publié pour la première fois par Hodder Children's Books, Londres
© 2004, Bayard Éditions Jeunesse
pour la traduction française et les illustrations
Loi n°49-956 du 16 juillet 1949
sur les publications destinées à la jeunesse
Dépôt légal : mars 2004
ISBN : 2 7470 1893 8

Sept chatons
à nourrir

LUCY DANIELS

**TRADUIT DE L'ANGLAIS
PAR SIDONIE VAN DEN DRIES**

TROISIÈME ÉDITION
BAYARD JEUNESSE

Les héros de cette histoire

Cathy Hope a douze ans, et une passion : les animaux. Son ambition est de devenir vétérinaire, comme ses parents. La souffrance des animaux lui est insupportable et elle ne manque jamais une occasion de leur porter secours.

Adam et **Emily Hope** sont les parents de Cathy. Ils dirigent une clinique vétérinaire, l'Arche des animaux, où Cathy passe tout son temps libre.

James Hunter est le meilleur ami de Cathy. Il partage avec elle l'amour des animaux et la suit dans toutes ses aventures.

Tom et **Dorothy Hope** sont les grands-parents de Cathy. Ils vivent au cottage des Lilas, et sont toujours prêts à venir en aide à leur petite-fille.

1

Juchés sur leur bicyclette, Cathy Hope et James Hunter pédalaient vigoureusement vers l'école, sous un soleil printanier.

– J'ai un contrôle de biologie ce matin, gémit Cathy. J'ai passé deux heures à réviser hier soir, et j'ai l'impression de ne rien savoir !

La jeune fille, qui voulait devenir vétérinaire, savait qu'elle devait obtenir de bons résultats à l'école. Pourtant, elle détestait réviser. Il y avait tant d'autres choses plus amusantes à faire... Par exemple, s'occuper des pensionnaires admis à l'Arche des animaux, la clinique vétérinaire de ses parents.

— Tu vas bien te débrouiller, comme d'habitude, la rassura son meilleur ami.

Ils approchaient de la lisière du village quand James la défia :

— Allez, le premier arrivé en haut de la côte !

Sans attendre la réponse, il baissa la tête et partit en trombe.

— Tu triches ! protesta Cathy, s'élançant à sa poursuite.

Mais James atteignait déjà les dernières maisons de Welford. Soudain, Cathy aperçut une forme blanche qui sortait d'un jardin, une vingtaine de mètres devant lui. C'était un chat persan. Une chatte persane, plus exactement, et qui attendait visiblement des petits. L'imprudente s'engagea sur la chaussée sans s'inquiéter de la circulation.

Soucieux de ne pas perdre l'avantage, James appuyait frénétiquement sur les pédales, les yeux rivés sur sa roue avant.

— James ! lui cria Cathy. Attention !

La chatte avançait toujours. Son ventre proéminent oscillait à chacun de ses pas.

— Stop ! hurla Cathy, paniquée.

James vit le félin au dernier moment. Il serra les freins de toutes ses forces, et sa bicyclette fit un écart, évitant la chatte de quelques centimètres à peine.

Le vélo et son propriétaire allèrent s'écraser sur le bas-côté.

Cathy s'arrêta et, abandonnant sa bicyclette sur le talus, elle se précipita vers la chatte. Inconsciente du danger auquel elle venait d'échapper, cette dernière frotta sa tête sous le menton de la jeune fille. Apparemment, elle n'était pas blessée.

— Ouf ! murmura Cathy en la prenant dans ses bras.

Puis, se rappelant son ami, elle regarda de l'autre côté de la route. James maugréait en se dépêtrant de son vélo.

— Rien de cassé ? l'interrogea-t-elle en le rejoignant.

— Je ne crois pas.

Le jeune garçon considéra la chatte avec inquiétude :

— Comment va-t-elle ?

— Bien, dit Cathy. Je te présente Delilah.

— Tu la connais ?

— Oui. Elle appartient à M. Ward. Il l'a amenée en consultation à l'Arche des animaux la semaine dernière, pour vérifier si la gestation se passait bien.

James hocha la tête. Bill Ward était le facteur du village. En partant pour l'école, ils le croisaient souvent alors qu'il faisait sa tournée.

Il caressa Delilah, qui se mit à ronronner.

— Quand est-ce que les chatons vont naître ? demanda-t-il.

— Dans deux semaines. Viens, allons voir si Mme Ward est chez elle.

— Où habitent-ils ?

Cathy lui indiqua une maison :

— C'est celle qui a le cerisier en fleur.

Le cottage était séparé de la route par un jardin, bordé d'une haie de troènes. James poussa le portillon, et les deux amis empruntèrent l'allée qui menait à la porte d'entrée.

L'épouse du facteur leur ouvrit. Lorsqu'elle découvrit la chatte dans les bras de Cathy, une expression de surprise se peignit sur son visage :

– Delilah ? Je la croyais dans le salon !

– Elle traversait la route, l'informa Cathy.

– Et j'ai failli la renverser, ajouta James, confus.

– Mais nous pensons qu'elle n'a rien, s'empressa de dire Cathy. James ne l'a pas touchée.

– J'ai dû oublier de verrouiller la chatière, soupira Mme Ward. Ces derniers temps, je l'enferme dans la maison quand je ne suis pas dehors pour la surveiller. Depuis qu'elle attend des petits, elle a perdu toute notion du danger.

Elle sourit et prit Delilah des mains de Cathy :

– Figurez-vous que Bill avait prévu de la conduire à la clinique ce soir, pour un dernier examen. Ça tombe bien, n'est-ce pas ?

– Ah, parfait, se réjouit Cathy. Comme ça, nous serons tout à fait rassurés.

– Et j'espère que vous viendrez voir les chatons quand ils seront nés, ajouta Mme Ward. Bon, je vous laisse partir, sinon vous risquez d'être en retard à l'école. Merci encore !

Cathy et James remontèrent l'allée, et la porte se ferma dans leur dos.

– Et voilà ! Tout est bien qui finit bien, dit James, soulagé. Maintenant, voyons si mon vélo roule encore.

Cathy hocha la tête, mais elle n'écoutait qu'à moitié. Un mouvement furtif dans la haie venait d'attirer son attention.

– Hé, ho ! Cathy ! Reviens sur terre, se moqua son ami en lui passant une main devant le visage.

Elle écarta la main et s'arrêta net :

– Regarde ! chuchota-t-elle. Là, dans les troènes. On dirait un chat !

James fronça les sourcils :

– Où ? Je ne vois rien.

– Là ! insista Cathy en pointant le doigt.

James scruta le feuillage et vit en effet un chat tigré, allongé par terre sous la haie. Il les regardait, les oreilles dressées en signe de méfiance.

Cathy s'avança lentement, la main tendue :
– Viens, minou. Viens…

Le chat se tapit contre le sol. En approchant, Cathy s'aperçut que son oreille était abîmée. Des traces de sang séché maculaient son pelage autour de la blessure.

Elle fit encore quelques pas vers le félin, mais celui-ci bondit et disparut sous la haie sans demander son reste.

Cathy poussa un cri de déception.

– Tu sais à qui il appartient ? l'interrogea James.

– Non, c'est la première fois que je le vois.

– Un animal que tu ne connais pas ! ironisa-t-il. Incroyable !

Mais Cathy n'avait pas envie de rire :

– Tu as vu son oreille ? C'est sûrement un chat errant.

– Ça m'étonnerait, fit James. Il avait l'air bien nourri.

– Mais pourquoi est-il si craintif? Et qu'est-ce qu'il faisait dans le jardin des Ward?

Tout en regagnant la route, la jeune fille se retournait régulièrement vers la haie.

– Ah, non! s'écria James. Tu ne vas pas lui courir après. On est déjà assez en retard!

Cathy ramassa sa bicyclette à contrecœur. Celle de James avait survécu à l'accident: elle n'avait que quelques éraflures, et la sonnette était cabossée. Ils se remirent en selle.

James bavardait, mais Cathy restait silencieuse. Elle ne parvenait pas à chasser de son esprit l'image du petit chat tigré. Son ami avait raison: il semblait bien nourri. Pourtant, s'il avait vraiment eu un propriétaire, celui-ci aurait soigné son oreille.

Quelque chose la chiffonnait; mais elle avait beau se creuser la tête, elle ne trouvait pas quoi.

En rentrant de l'école, Cathy ne put s'empêcher de ralentir devant la maison des Ward. Elle jeta un coup d'œil furtif par-dessus la haie. Cela n'échappa pas à James.

– Il est certainement sain et sauf, chez lui, dit-il.

La jeune fille le regarda, bouche bée.

– Tu cherchais le chat tigré, n'est-ce pas ? reprit James

Elle sourit. Son ami la connaissait vraiment bien. Parfois, il semblait lire dans ses pensées.

– Et s'il n'avait pas de « chez lui » ? protesta-t-elle.

– Rappelle-toi son gros ventre. Si c'était un chat errant, il serait maigre.

La jeune fille grimaça : elle n'en était pas convaincue.

Ils continuèrent à pédaler sans mot dire jusqu'à l'endroit où leurs routes se séparaient.

– À demain !

Quelques instants plus tard, la jeune fille remontait le chemin de l'Arche des animaux. La clinique vétérinaire était un bâtiment moderne, adossé à la vieille maison de pierre des Hope.

Cathy abandonna sa bicyclette contre le mur et poussa la porte de la salle d'attente. Jane, la réceptionniste, leva les yeux :

– Salut, Cathy ! Alors, ce contrôle de biologie ?

– Bien, répondit-elle distraitement.

Puis, fronçant les sourcils :

– Jane, savez-vous si quelqu'un vient de s'installer au village avec un chat tigré ?

La réceptionniste secoua la tête :

– Non, désolée, ça ne me dit rien. Demande à tes parents, peut-être que…

– Où sont-ils ? l'interrompit Cathy.

– Ta mère est en visite dans une ferme, et ton père est à côté, en consultation…

Au même moment, la porte de la clinique s'ouvrit, et Bill Ward fit son apparition. Il portait un panier à chat en osier. Cathy se précipita à sa rencontre :

– Bonsoir ! Comment va Delilah ?

– À merveille !

Le facteur sourit et posa le panier sur un siège :

– Edith m'a raconté ce qui s'est passé ce matin. Un grand merci à James et à toi !

– Oh, ce n'est rien, dit Cathy. L'essentiel, c'est qu'elle ne soit pas blessée.

– Tiens, tiens ! Que vous est-il encore arrivé, à tous les deux ? demanda une voix familière dans le dos de la jeune fille.

Cathy fit volte-face et découvrit son père, adossé à la porte de la salle de soins. Elle lui raconta l'incident.

– Delilah est incorrigible, précisa le facteur. Elle n'arrête pas de traverser la rue.

– Entrez donc avec elle, l'invita M. Hope. Je vais l'examiner.

Puis, s'adressant à sa fille :

– Tu viens ?

– Bien sûr !

Cathy était autorisée à assister aux consultations. Elle aidait aussi ses parents à s'occuper des animaux qui séjournaient à la clinique, nettoyait leurs cages et leur administrait les médicaments. Elle enfila sa blouse blanche et entra à son tour dans le cabinet.

Delilah était assise sur la table d'examen. M. Hope passa doucement les mains sur les flancs bombés de l'animal.

– C'est pour très bientôt, dit-il. Est-ce que vous lui avez installé un carton pour qu'elle puisse faire ses petits ?

Bill Ward acquiesça et caressa tendrement la tête de la chatte :

– Tout est prêt dans le salon. Nous attendons avec impatience l'arrivée des chatons.

Adam Hope ausculta longuement Delilah, avant de conclure qu'elle était en parfaite santé.

– Tant mieux ! s'exclama Bill Ward. Il faut dire qu'en ce moment on la chouchoute. Elle en est à quatre repas par jour !

Cathy l'aida à remettre Delilah dans son panier. Elle en profita pour poser la question qui lui brûlait les lèvres :

– Ce matin, nous avons aperçu un autre chat dans votre jardin. Un chat tigré. Savez-vous à qui il appartient ?

– Ah, oui !... C'est une chatte abandonnée. Hier matin, elle était couchée sous le cerisier. En voyant son état, j'ai essayé de l'attraper, mais elle s'est sauvée.

– Son état ? Vous voulez dire son oreille ? interrogea Cathy.

Le facteur eut l'air surpris :

– Son oreille ? Non, son oreille n'avait rien, hier. Mais elle attend des petits.

– Elle attend des petits ? répéta Cathy, stupéfaite.

– Oui. Je m'en suis aperçu tout de suite.

Elle se déplace comme Delilah, elle a le même ventre rebondi… Je reconnaîtrais ces signes entre mille !

Cathy comprenait enfin ce qui l'avait perturbée à la vue de la chatte tigrée. Elle n'était pas « bien nourrie », comme le suggérait James, elle était pleine !

— Tu crois qu'elle va s'en sortir, toute seule ? demanda-t-elle à son père.

M. Hope se frotta le menton :

— En général, les chattes mettent bas sans problèmes. Mais il serait préférable de la conduire au refuge.

— Surtout qu'elle doit être affamée, ajouta Bill Ward. J'ai déposé un peu de nourriture pour elle hier, après son départ, mais…

— Quand peut-on y aller, papa ? l'interrompit Cathy, qui n'y tenait plus.

M. Hope se tourna vers Bill :

— Vous la voyez plutôt le matin, n'est-ce pas ?

Le facteur opina.

— Seriez-vous d'accord pour que l'on

passe chez vous demain ? Si la chatte est là, nous l'emmènerons au refuge.

– Bien sûr ! Mais venez tôt : je commence ma tournée à sept heures.

– Vers six heures, alors ? proposa Adam Hope.

– Parfait. Cela dit, je ne sais pas si vous réussirez à l'attraper, elle m'a paru drôlement farouche.

– Nous y sommes, fit Adam Hope en garant la Land Rover devant la maison des Ward, le lendemain matin. Voyons si notre minette est dans les parages.

Cathy sortit du coffre une cage en plastique et entreprit de remplir un bol de nourriture pour chat. Puis elle rejoignit son père à la porte du jardin.

– Aucun chat tigré en vue, l'informa-t-il.

La jeune fille scruta les haies et les plates-bandes avant de se rendre à l'évidence : son père avait raison.

– Allons demander aux Ward s'ils l'ont vue, suggéra-t-elle. Elle est peut-être déjà venue et repartie.

Soudain, elle se figea :

– Là ! souffla-t-elle. Papa, regarde ! Devant la remise.

La chatte tigrée était allongée dans l'herbe, près de l'abri de jardin des Ward. Elle léchait avec application son gros ventre, dont le volume contrastait avec son corps décharné.

– Elle attend des petits, en effet, confirma Adam Hope. Et c'est pour bientôt !

Ils s'avancèrent de quelques pas. La chatte dressa les oreilles.

– Pose le bol de nourriture par terre, Cathy, lui conseilla son père.

La jeune fille tendit le bras, mais ce fut un mouvement de trop. La chatte fit demi-tour et s'élança derrière l'angle du cottage.

M. Hope fit une moue sceptique :

– Bill a raison : ça ne va pas être facile. Tu n'as qu'à laisser le bol ici, ma chérie. Elle reviendra peut-être… En attendant, si nous allions saluer les Ward ?

Le facteur leur ouvrit la porte.

– Edith est encore au lit, les informa-t-il. Mais entrez donc prendre une tasse de thé. Vous pourrez guetter la chatte par la fenêtre du salon.

Delilah était lovée sur un fauteuil, indifférente aux visiteurs. En caressant son poil brillant, Cathy eut une pensée émue pour la petite chatte abandonnée qui rôdait dehors, sans personne pour prendre soin d'elle.

– C'est pour Delilah? demanda-t-elle en désignant une grande boîte de carton posée près du radiateur.

Bill acquiesça. Cathy souleva le couvercle. Le fond du carton était tapissé de papier journal, et une petite chatière avait été découpée sur un côté.

– Téléphonez-moi quand le travail commencera, proposa M. Hope. Les persans ont quelquefois du mal à mettre bas, parce que les petits ont une grosse tête. Je viendrai vérifier si tout se passe bien.

Cathy s'approcha de la fenêtre et jeta un

coup d'œil dehors. Elle fit aussitôt signe à son père de la rejoindre :

– Papa, la voilà !

La chatte tigrée rampait prudemment vers le milieu de la pelouse, où se trouvait le bol.

– Sors et essaie de t'approcher d'elle, Cathy, dit Adam Hope. Je vais passer par-derrière pour la prendre à revers. Mais attention de ne pas l'affoler : elle risquerait d'accoucher prématurément.

La jeune fille ouvrit doucement la porte et passa la tête dehors. Penchée sur le bol, la chatte engloutissait la nourriture à toute vitesse. C'est à peine si elle s'interrompit pour regarder l'intruse.

Cathy s'avança à pas de loup. Elle aperçut son père, qui arrivait dans le dos de la chatte, une friandise à la main.

Soudain alerté, l'animal s'arrêta de manger.

– Minette…, murmura la jeune fille d'un ton apaisant. Viens. Ne t'en fais pas, on ne te veut pas de mal.

La chatte fit demi-tour pour s'enfuir et

découvrit M. Hope. Ce dernier s'agenouilla et lui tendit la friandise. Un court instant, elle parut hésiter ; puis elle se ravisa et détala vers la haie.

— Oh, non ! gémit Cathy. Qu'est-ce qu'on va faire, maintenant ?

— On va laisser tomber, soupira son père en ôtant les brins d'herbe collés à son pantalon.

Elle le dévisagea, incrédule :

— Mais, papa, c'est impossible ! Tu as vu comme elle est maigre ? Et son oreille ? Il faut qu'on s'occupe d'elle !

M. Hope se tourna vers Bill Ward :

— Apparemment, elle se plaît dans votre jardin. Seriez-vous d'accord pour que l'on vienne la nourrir ici, afin de gagner sa confiance ?

— Pas de problème !

— Je veux bien m'en charger ! proposa Cathy avec empressement.

— Parfait ! Si Bill n'y voit pas d'inconvénient, James et toi pourriez déposer de la nourriture en allant à l'école le matin, et le soir en revenant.

Les yeux de Cathy pétillèrent :

— Et on restera pendant qu'elle mange. Si elle s'habitue à nous, peut-être que l'on pourra l'approcher et la soigner.

M. Hope fronça les sourcils :

— Il ne faut pas que ce soit une excuse pour arriver en retard à l'école !

— Mais non, protesta Cathy. On se lèvera plus tôt pour être ici à sept heures, c'est tout.

— J'imagine la réaction de James ! se moqua son père.

Cathy sourit. Tout le monde savait que son ami détestait se lever de bonne heure.

— Il grognera pour la forme, mais il finira par accepter. Tu verras !

— Bon, fit M. Hope en consultant sa montre. Je te dépose à l'école avec ton vélo ? Tu vas pouvoir lui en toucher un mot dès ce matin.

— Sept heures!? s'exclama James quand Cathy l'informa de ses projets. Ça veut dire se lever à… à six heures moins le quart! Ça ne va pas, la tête!

— Juste pendant quelques jours, implora-t-elle. Le temps que la chatte s'habitue à nous voir et se laisse attraper.

— Bon, c'est vraiment pour te faire plaisir, maugréa James.

— Merci! Tu es formidable.

Cathy se rembrunit soudain:

— Je me demande quand même d'où elle

vient. On devrait peut-être mettre des affiches pour retrouver son maître.

– Bonne idée ! Préparons-les pendant la récréation de midi. On les collera chez les commerçants ce soir.

Après l'école, les deux amis firent le tour des boutiques de Welford avec leurs petites annonces.

– Voilà, soupira James en sortant de la maison de la presse. Il ne nous reste plus qu'à attendre que le propriétaire se manifeste.

– Et maintenant, allons donner à manger à la chatte, dit Cathy, impatiente.

Arrivés chez les Ward, ils posèrent un bol de nourriture bien en évidence sur la pelouse et allèrent se poster sous la véranda.

– Là ! chuchota James en poussant son amie du coude. Elle arrive !

La chatte tigrée longeait prudemment la haie. Elle inspecta les environs, puis se faufila vers le bol, dont elle dévora le contenu.

Les deux amis restèrent immobiles jusqu'à ce qu'elle ait fini de manger.

– Si on allait lui chercher du lait ? proposa James tandis que la chatte s'éloignait en trottant. Ce serait l'occasion de dire bonjour à Lydia.

– Super !

Leur amie Lydia Fawcett élevait des chèvres dans sa petite ferme de High Cross, juchée sur les hauteurs de Welford. Cathy et James ne manquaient jamais une occasion de lui rendre visite.

Un quart d'heure plus tard, ils appuyaient leurs bicyclettes contre le portail de la ferme. Lydia traversait justement la cour, les bras chargés de paille. Son visage s'illumina lorsqu'elle les reconnut.

– Vous tombez bien ! J'étais en train de nettoyer les enclos. Vous allez me donner un petit coup de main.

Cathy sourit. Lydia était parfois un peu directe, mais elle avait un cœur d'or.

Les deux amis la suivirent dans la bergerie. Chemin faisant, Cathy lui parla de la petite chatte tigrée, et lui raconta leurs tentatives pour l'apprivoiser :

— Alors, conclut-elle, on a pensé que du lait de chèvre lui ferait du bien.

— Et comment ! s'écria Lydia. C'est le meilleur lait du monde ! Je termine ici et je vais vous en chercher.

James caressait distraitement un petit bouc blanc.

— Attention ! le prévint Lydia. Henri essaie de manger ton pull.

James fit un bond en arrière.

Lydia s'esclaffa :

— Ce glouton avalerait n'importe quoi ! Tiens, tu veux bien me passer la brosse ?

James obéit. Soudain Cathy, James et Lydia entendirent un grincement et se retournèrent vivement. Henri avait trouvé le moyen d'ouvrir son enclos, et il s'élançait dans la travée.

— Oh, non ! gémit Lydia. Il se sauve encore !

— Zut ! s'exclama James. J'ai laissé la porte de la bergerie ouverte !

— Vite !

Le fugitif était déjà dans la cour. Ils se

précipitèrent à sa poursuite ; mais le bouc ne l'entendait pas de cette oreille. Il bondissait joyeusement dans l'allée en bêlant d'excitation.

– Il ne faut surtout pas qu'il passe le portail ! souffla Lydia. Sinon, on ne pourra jamais le rattraper.

Elle sortit une carotte de sa poche et la lui tendit :

– Henri, viens voir ici !

Le bouc se retourna, et son nez frémit.

– Pendant qu'il me regarde, murmura Lydia, essayez de le contourner et de le rabattre vers moi.

Cathy s'éloigna lentement sans quitter Henri des yeux. Tout à coup, elle buta sur un pavé et s'étala de tout son long par terre. Effrayé, le petit bouc fit un bond et fila vers le portail.

James aidait son amie à se relever lorsqu'ils entendirent un cliquetis. Le bruit attira l'attention de l'animal, qui s'arrêta net et pivota.

– Henri !

Lydia secouait énergiquement la porte d'un local attenant à la bergerie :

– À table !

Henri dressa les oreilles et remonta l'allée en trottant. Lorsqu'il tenta de se faufiler dans le bâtiment, Lydia le saisit fermement par le collier. La jeune femme poussa un cri de triomphe :

– Je te tiens !

– Comment as-tu fait ? s'étonna Cathy.

Lydia sourit :

– C'est l'endroit où j'entrepose leur nourriture. Quand il a entendu le bruit de la porte, Henri a cru qu'il allait avoir à manger. Il est si gourmand qu'il n'a pas pu résister.

Elle reconduisit le petit bouc dans la bergerie :

– Voilà, tu ne t'échapperas plus ! dit-elle en verrouillant son enclos.

– Désolé de ne pas avoir fermé la porte ! s'excusa James.

– Mais non, c'est ma faute ! dit Lydia. J'aurais dû mettre le verrou, mais quand je nettoie les stalles, c'est plus pratique de laisser ouvert.

En les voyant revenir, les chèvres s'étaient toutes mises à bêler en chœur, produisant un vacarme assourdissant.

– Qu'est-ce qu'elles ont ? demanda Cathy.

– Elles ont remarqué que j'ouvrais le garde-manger, elles aussi, ronchonna Lydia. Je n'ai plus qu'à les nourrir, si je veux qu'elles se tiennent tranquilles.

Cathy et James suivirent leur amie dans l'entrepôt à grains, et la regardèrent remplir des seaux d'avoine. Soudain, la fermière s'interrompit :

– Non, mais regardez-moi ça ! gronda-t-elle en montrant un sac.

Un mince filet de graines s'échappait d'un trou dans la toile, et formait un petit tas sur le sol.

– Saletés de souris ! Elles m'ont encore percé un sac. Si je ne fais pas quelque chose, elles mangeront bientôt autant que les chèvres.

– Pourquoi tu ne gardes pas la nourriture dans des coffres ? s'enquit James.

– Ils sont très chers, expliqua Lydia. Et il n'y a pas qu'ici que les souris me posent problème. Elles viennent aussi dans la maison. J'ai installé des pièges, mais elles les ignorent.

– Tu devrais prendre un chat, lui suggéra Cathy.

– Certainement pas ! Je n'aime pas les chats. Ils sont trop indépendants, et pas affectueux pour un sou. Ah, tenez, avant que j'oublie.

Elle alla fourrager dans un grand réfrigérateur, au fond de la pièce, et revint avec trois cartons de lait, qu'elle leur tendit.

– Merci, Lydia ! dit Cathy. C'est très gentil de ta part.

– Mais non, ce n'est rien du tout ! Revenez quand vous en voudrez d'autres.

Cathy et James rangèrent les cartons dans leur sac à dos et prirent congé de Lydia, pressés d'aller donner du lait de chèvre à leur protégée.

5

Lorsque son ami passa la chercher à sept heures moins dix le lendemain, Cathy était déjà réveillée depuis une bonne heure. James avait les cheveux ébouriffés et semblait encore à moitié endormi.

– C'est trop tôt ! ronchonna-t-il.

– Tu as mis ton pull à l'envers, se moqua Cathy. Allons-y ! ajouta-t-elle en sautant en selle. Tu le retourneras chez les Ward.

James la suivit en soupirant.

– Tu sais, on devrait réfléchir à un nom

pour la chatte, lui cria-t-elle tandis qu'ils dévalaient la pente.

– « Tigrée »? suggéra James.

Cathy fit non de la tête :

– Pas assez original. Qu'est-ce que tu penses de « Chausson »?

James secoua la tête à son tour :

– Non. Ça fait garçon.

Arrivés devant chez le facteur, ils ne s'étaient toujours pas mis d'accord sur un prénom.

– On frappe à la porte pour avertir Mme Ward qu'on est là, ou on laisse juste la nourriture dehors? demanda James.

– Laissons la nourriture. Mme Ward doit être en train de se préparer pour aller travailler, on risque de la déranger.

Cathy posa sa bicyclette contre la haie et regarda dans le jardin. Son cœur bondit dans la poitrine. La petite chatte tigrée était là. Allongée sous le cerisier, elle roulait paresseusement sur le dos, parmi les fleurs roses qui jonchaient le sol. De temps à autre, elle attrapait un pétale avec sa griffe et le projetait en l'air. Cathy songea que c'était la première fois qu'elle la voyait heureuse.

Elle se tourna vers James, les yeux brillants.

– « Fleur »! chuchota-t-elle. On pourrait l'appeler « Fleur »!

James approuva en silence. Ils pénétrèrent le plus discrètement possible dans le jardin, dépassèrent la chatte et disposèrent des croquettes dans un bol. Après avoir versé du lait de chèvre dans une soucoupe, ils rangèrent les accessoires dans leur sac et gagnèrent tranquillement la véranda.

La chatte avait cessé de jouer et les regardait avec méfiance. Puis, sans les quitter des yeux, elle courut vers la nourriture.

Cathy l'observait attentivement pendant qu'elle lapait le lait.

– À mon avis, confia-t-elle à James, elle va très bientôt avoir ses petits. Son ventre est presque aussi gros que celui de Delilah.

Après son petit déjeuner, Fleur retourna sous le cerisier et entreprit de faire sa toilette.

Cathy et James se dirigèrent vers la rue. En sortant du jardin, la jeune fille se retourna pour jeter un dernier regard à la chatte.

– Au revoir, Fleur ! dit-elle doucement.

Celle-ci dressa les oreilles, comme si elle avait reconnu son prénom.

À la fin de la semaine, Fleur s'était accoutumée à la présence des enfants dans le jardin. Ils pouvaient désormais s'approcher à un mètre d'elle sans qu'elle prenne la fuite. Mais elle refusait toujours de se laisser caresser. Cathy s'impatientait : elle voulait attraper la chatte pour soigner son oreille. Heureusement, la blessure semblait cicatriser d'elle-même.

Le mardi soir suivant, Cathy et James ne virent pas Fleur en arrivant chez les Ward. Bill, qui sortait de la maison, leur fit signe d'approcher. Il posa un doigt sur ses lèvres et entrouvrit la porte de l'appentis :

– Regardez, chuchota-t-il.

Lorsque les yeux de Cathy se furent habitués à la pénombre, elle distingua Fleur, couchée sur des chiffons dans une vieille baignoire de fer blanc.

— Elle a trouvé un endroit pour faire ses petits, dit Bill. Hier, j'ai remarqué qu'elle allait souvent dans la remise. Cet après-midi je l'ai suivie, et je me suis aperçu qu'elle avait élu domicile dans cette vieille baignoire, que je gardais pour y planter des géraniums.

— On n'a qu'à lui mettre la nourriture ici, dit Cathy doucement.

Ils posèrent un bol de pâtée par terre, à mi-chemin entre la bassine et la porte de la remise. Puis ils reculèrent et attendirent, immobiles. Fleur ne bougea pas. Cathy était déçue.

— Laissons-la seule, proposa Bill. Elle mangera quand nous serons partis.

Ils sortaient de l'appentis quand Cathy, prise d'une inspiration subite, s'exclama :

— Mais, si elle s'installe comme ça, c'est qu'elle est sur le point de mettre bas !

— Pas forcément, dit M. Ward. Delilah fourrage dans son carton depuis au moins deux semaines, et elle n'a pas encore accouché.

– Comment va-t-elle ? demanda James. Peut-on aller la voir ?

– Bien sûr, entrez ! Elle est dans le salon. Je vous rejoins dans une minute.

Delilah arpentait la pièce de long en large. Cathy s'approcha pour la caresser, mais la chatte se dégagea et reprit sa déambulation. Elle respirait bruyamment, et ses flancs étaient agités de soubresauts. Soudain, elle poussa un miaulement déchirant.

– Qu'est-ce qu'elle a ? s'affola James.

Cathy fixait la chatte sans répondre. Un mouvement fit onduler le flanc de Delilah.

– James, souffla-t-elle. Va vite chercher M. Ward ! Je crois que Delilah va avoir ses petits !

– Tu as raison ! s'exclama Bill Ward en arrivant dans la pièce. Ça ne devrait pas tarder.

Il ouvrit la boîte en carton et poussa doucement la chatte à l'intérieur :

– Allez, vas-y, ma jolie. Il est temps que tu t'installes là-dedans.

Une nouvelle contraction secoua le corps de Delilah, qui miaula avec insistance.

– Voulez-vous que j'appelle papa? proposa Cathy.

– Oui, s'il te plaît. Le téléphone est dans la cuisine.

Cathy composa le numéro de l'Arche des animaux et tomba sur Jane, qui lui promit d'envoyer M. Hope immédiatement.

– Papa arrive bientôt, annonça la jeune fille en regagnant le salon.

Delilah gémissait de façon inquiétante.

– Ça va ? souffla James. Peut-on faire quelque chose pour vous aider ?

– Tout se passe comme prévu, le rassura Bill. Mais je veux bien que tu ailles me chercher des serviettes éponge dans la cuisine… et, pendant que tu y es, prépare-nous du thé.

James se hâta de sortir.

– Les chatons devraient bientôt naître, confia M. Ward à Cathy. Vous voulez rester pour regarder ?

– Avec plaisir !

– Je peux téléphoner à ma mère, s'il vous plaît ? demanda James en revenant avec les serviettes. Je voudrais la prévenir que je ne rentre pas tout de suite.

Bill acquiesça et James repartit dans la cuisine.

Tous trois étaient assis en rond autour du carton de Delilah quand Adam Hope fit son apparition :

– Alors, comment va la future maman ?

Il examina Delilah :

– Bon ! Le premier petit se présente par la tête, c'est parfait.

Cathy vit surgir la tête, puis le corps d'un minuscule chaton blanc. Ses yeux étaient fermés et son manteau humide. La mère sectionna le cordon ombilical qui la reliait à son petit, puis commença à lui lécher énergiquement la tête. Le chaton ouvrit la gueule et prit sa première inspiration.

– Oh ! s'écria Cathy. C'est merveilleux !

Elle avait déjà vu naître de nombreux animaux, mais son émotion était intacte.

– Il va y en avoir beaucoup d'autres ? demanda-t-elle à son père.

– Trois ou quatre. Les persans ont rarement de grandes portées.

Ils attendirent. Edith Ward, qui rentrait du travail, se joignit à eux. Bientôt, Delilah recommença à pousser. Un second chaton sortit, puis un troisième, et enfin un quatrième. Tous blancs.

Lorsque les quatre furent léchés et tout propres, Delilah entreprit de se nettoyer elle-même.

– On dirait que c'est fini, murmura M. Hope. Et elle n'a pas eu du tout besoin de nous.

Les chatons s'étaient blottis contre leur mère, qui s'allongea pour les laisser téter.

Cathy soupira, ravie.

– Allez, il est temps de rentrer, reprit son

père en se levant. Tu veux que l'on te dépose, James ? Je peux mettre les deux vélos à l'arrière sans problème.

– Avec plaisir.

James et M. Hope aidèrent Mme Ward à rapporter les tasses vides à la cuisine.

– Je vais récupérer le bol de Fleur, dit Cathy. Il sera plus facile à laver ce soir.

C'était un prétexte pour aller revoir la chatte tigrée. Dehors, il faisait frais, et la nuit tombait. La lumière de la cuisine éclairait l'allée jusqu'à la remise. Cathy ouvrit précautionneusement la porte et scruta la pénombre de l'appentis. Fleur était toujours étendue dans la baignoire de fer blanc.

Soudain, la jeune fille se raidit. Elle venait d'apercevoir une petite forme sombre, qui gisait à côté de la chatte. Elle se fraya un passage entre les pots de fleurs et les outils de jardin. Son pied heurta un seau métallique qui fit un vacarme épouvantable, mais la chatte ne leva même pas la tête. Cathy écarquilla les yeux. Un minuscule chaton mouillé était allongé à côté de Fleur !

Le sourire de la jeune fille disparut aussi vite qu'il était apparu. Pourquoi Fleur ne s'occupait-elle pas de son petit ? Pourquoi ne le léchait-elle pas ? Cathy sentit une boule se former dans sa gorge. Pourvu qu'il ne soit pas mort !

À son grand soulagement, elle vit le chaton remuer légèrement. Ouf ! Il était vivant ! Elle observa alors Fleur et fronça les sourcils. La chatte était étendue, immobile. Son attitude contrastait beaucoup avec celle de Delilah. Cette dernière était agitée, changeait sans arrêt de position… Et surtout, elle était attentive à ses chatons.

Fleur laissa retomber la tête, et Cathy eut soudain la certitude que quelque chose n'allait pas. Pas du tout. La chatte avait besoin d'aide !

Elle quitta précipitamment la remise et courut vers la maison. Son père était debout dans l'entrée. Il discutait avec les Ward.

– Vite ! souffla-t-elle.

Ils la regardèrent avec surprise.

– Que se passe-t-il ? interrogea M. Hope, inquiet.

– C'est… c'est Fleur, bafouilla-t-elle. Elle est en train de mettre bas, et je crois qu'il y a un problème.

Adam Hope sortit vite de la maison, emboîtant le pas à sa fille. James et les Ward les rejoignirent dans la remise avec une puissante lampe-torche. Le faisceau de lumière leur révéla la chatte, toujours inerte dans la bassine.

– Cathy, va me chercher ma trousse, s'il te plaît ! demanda M. Hope. Elle est dans la cuisine.

La jeune fille s'exécuta en moins de temps qu'il n'en faut pour le dire. Bill Ward avait déniché une lampe portative dans l'appentis. Il la suspendit à un crochet. Puis James et Edith l'aidèrent à enlever les outils de jardin qui encombraient le passage.

Cathy s'approcha de son père, qui examinait Fleur :

— Qu'est-ce qu'elle a ?

— Inertie utérine, diagnostiqua gravement M. Hope en se redressant.

James lança un regard interrogatif à son amie ; mais Cathy ne connaissait pas plus que lui la signification de ces termes. En fouillant dans son sac, M. Hope expliqua :

— Cela veut dire que la mère n'a plus de contractions, alors qu'il y a encore des chatons dans son ventre. Peut-être qu'un petit bloque le passage. Je peux lui faire une injection pour relancer les contractions, mais je dois d'abord m'assurer que la voie est libre.

— Transportons-la dans la maison, si vous voulez, proposa Edith Ward.

M. Hope secoua la tête :

— Cela ne ferait que l'affoler. Par contre, il me faudrait des serviettes éponge, une bouteille d'eau chaude et un petit carton. Le premier chaton a besoin de soins.

Mme Ward partit chercher ce que M. Hope lui demandait. Tout le temps que dura son absence, Cathy et James regardèrent anxieusement le chaton nouveau-né.

« Vite, je vous en prie… », suppliait la jeune fille.

L'épouse du facteur réapparut enfin. M. Hope souleva le petit chat :

— Bon. Il vit encore. Cathy, peux-tu le frotter doucement avec une serviette ? Je dois continuer à m'occuper de la mère.

— Bien sûr !

Son père lui confia le chaton minuscule :

— Quand il sera sec, pose-le dans le carton. James, il faudrait mettre une couche de papier journal dans le fond, puis la bouteille d'eau chaude enveloppée dans une serviette.

Les deux amis s'affairaient, tandis que M. Hope retournait auprès de Fleur.

— J'avais raison, dit-il enfin. Il y a un chaton coincé. Et il est dans la position la pire : la tête à l'envers.

– Est-ce que tu vas pouvoir le retourner ? lâcha Cathy, la gorge serrée.

Le visage de M. Hope était tendu :

– Je vais essayer. C'est notre seule chance. Fleur est si faible et si mal nourrie qu'elle ne survivrait pas à une césarienne.

– Et le chaton coincé ? demanda James en posant le carton près de Cathy. Est-ce qu'il va s'en sortir ?

– Ça dépend depuis combien de temps il est là, dit M. Hope. J'espère qu'il n'est pas déjà trop tard.

Cathy sentit le découragement la gagner. Le petit chat était sec à présent, et il avait besoin de chaleur. Elle l'installa dans le carton, contre la bouteille d'eau. Puis elle se retourna vers son père, qui tentait désespérément de porter secours à Fleur.

– Rien à faire…, soupira M. Hope.

La jeune fille était au bord des larmes. Elle avait beau savoir que son père était un excellent vétérinaire, elle connaissait aussi les dures réalités de ce métier. Parfois, être excellent ne suffisait pas. Elle croisa le regard de Bill Ward. Il semblait terriblement inquiet, lui aussi.

M. Hope secoua la tête.

— Non, décidément… Oui ! s'exclama-t-il soudain. Le voilà !

— Oh, papa ! souffla Cathy. Bravo !

M. Hope prit une seringue dans sa trousse et fit une injection à Fleur :

— Voilà. Avec ça, les contractions devraient reprendre.

— Est-ce que le chaton est vivant ? s'inquiéta Cathy.

— L'avenir le dira, murmura M. Hope.

L'injection fit rapidement son effet. Peu à peu, des contractions commencèrent à se propager dans les flancs de Fleur, et le deuxième petit parut enfin. Tout le monde retint sa respiration pendant que Fleur le reniflait et le léchait. Elle nettoya sa tête et ses narines, mais le chaton restait étendu, immobile.

— Trop tard, constata Bill tristement.

Cathy sentit sa bouche devenir sèche. Elle regarda son père, qui fixait le chaton roux avec attention, et reprit espoir. Il avait remarqué quelque chose...

— P-Papa ? bredouilla-t-elle

Au même instant, elle vit le chaton remuer :

— Il est vivant ! s'écria-t-elle.

Fleur recommença à le nettoyer à grands coups de langue. La mère et son petit étaient sauvés. Cathy observait avec ravissement Fleur, qui accouchait d'un troisième chaton, qu'elle se mit aussitôt à lécher.

— Je crois que le compte y est, dit M. Hope tandis que la chatte entamait sa toilette.

Il attrapa les deux petits à tour de rôle et leur souleva la queue.

— C'est toujours plus facile de déterminer leur sexe quand ils viennent de naître, expliqua-t-il. Le roux est un garçon. Le tigré, une fille.

— Et celui-là ? s'enquit Cathy en montrant la boîte.

M. Hope en sortit le chaton roux et blanc :

— Encore une fille, dit-il avec un sourire.

Il la déposa doucement contre ses frère et sœur. Fleur se coucha sur le flanc pour offrir ses tétines à ses trois petits.

En quittant la remise, Cathy se retourna une dernière fois pour admirer les bébés chats endormis. Une vague de bonheur la submergea.

Deux mères, sept chatons…

Quelle soirée !

8

— Tu crois que Fleur aura peur de nous, ce matin ? demanda Cathy à James en arrivant chez les Ward. Hier soir, elle était malade, mais à présent qu'elle va mieux…

— Il n'y a qu'une façon de le savoir, rétorqua son ami.

Ils ouvrirent la porte de l'appentis. Fleur était dans la baignoire. Elle tourna vers eux ses grands yeux verts.

— On t'apporte ton petit déjeuner, murmura Cathy.

Elle posa délicatement un bol de lait de

chèvre sur le sol de la remise. Sans se faire prier, la petite chatte sauta par terre et se mit à laper. Cathy s'agenouilla près d'elle pour la caresser. À son grand plaisir, Fleur continua de boire.

James s'était approché de la baignoire en fer blanc et contemplait les chatons, attendri :

— Regarde comme ils sont adorables !

Cathy se redressa. Les trois petits chats étaient pelotonnés les uns contre les autres, les yeux clos.

— Comment va-t-on les appeler ? Il faut trouver quelque chose qui aille bien avec Fleur. Des noms de fruits, peut-être.

Elle désigna le chaton tigré :

— Qu'est-ce que tu penses de « Cerise » ?

— Oui, c'est bien, fit James. Et « Pêche » pour l'autre petite ?

— Cerise et Pêche, répéta Cathy, pensive. D'accord ! Et le troisième ?

— « Pomme » ? « Abricot » ? « Poire » ? proposa James.

Cathy secoua la tête.

– Alors, William ! fit son ami.

– William ? Ce n'est pas un fruit !

– Mais si ! Les poires William !

– Génial ! approuva Cathy. Va pour William !

Edith Ward sortait de chez elle au moment où ils quittaient la remise. Ils lui confièrent les prénoms des chatons.

– Nous aussi, nous avons donné des noms aux petits de Delilah, leur apprit-elle. Les deux femelles se nomment Desdémone et Daisy et les deux mâles, Daniel et Dylan. Voulez-vous entrer deux minutes pour les voir ?

Cathy et James acceptèrent avec joie. Ils s'accroupirent près du carton où Delilah nourrissait ses chatons.

– C'est incroyable comme ils se ressemblent ! dit James. Comment faites-vous pour les identifier ?

Mme Ward lui montra quatre flacons de vernis à ongles de couleurs différentes, posés sur la cheminée. Sur chacun était inscrit un prénom.

– Je leur ai verni une griffe. Maintenant, grâce à la couleur, je sais à quel chaton j'ai affaire.

– Bravo, c'est drôlement astucieux ! reconnut Cathy. Alors, qui est qui ?

– Le rose vif désigne Desdémone, commença à énumérer Mme Ward. Le rose pâle, Daisy, le rouge, Dylan et le violet, Daniel.

Quelques jours plus tard, une surprise attendait les deux amis dans la remise des Ward. Les trois petits de Fleur avaient enfin ouvert les paupières, et ils exploraient le fond de la bassine avec curiosité. Cerise cligna des yeux lorsque Cathy la souleva.

Puis, ouvrant sa petite gueule, elle poussa un miaulement plaintif.

Cathy et James éclatèrent de rire. Cathy la reposa contre sa mère, qui n'avait pas bronché.

Au même instant, Edith Ward passa la tête par la porte de la remise. Elle était en robe de chambre et semblait tout excitée :

– Il me semblait bien vous avoir entendus ! Venez voir ! Les chatons de Delilah ont ouvert les paupières !

Desdémone, Daisy, Dylan et Daniel clignèrent des yeux pour saluer les visiteurs. Leurs iris étaient d'un bleu intense.

– C'est étonnant, fit remarquer Cathy. Ceux de leur mère sont couleur d'ambre.

– Tous les chatons ont les yeux bleus au début, lui rappela Edith. Ils prennent leur couleur définitive vers trois mois. Nous espérons que leur couleur va changer. Les persans blancs aux yeux bleus sont souvent sourds.

Cathy fronça les sourcils. Elle n'aimait pas du tout cette idée.

Deux semaines après, les bébés chats trottaient partout sur leurs petites pattes, s'arrêtant de temps à autre pour rouler et jouer. Cathy aurait volontiers passé la journée à les regarder.

– Ils font tous les jours quelque chose de différent, confia-t-elle un soir à sa mère. Et, maman…

Mme Hope cessa de classer ses papiers et leva la tête :

— Oui ? Quelque chose te tracasse ? demanda-t-elle en scrutant le visage de sa fille.

— Mme Ward dit que les petits de Delilah riquent d'être sourds parce qu'ils ont les yeux bleus !

Emily Hope se frotta le front :

— Ah, oui, c'est vrai ! Et quel âge ont-ils, maintenant ?

— Ils auront trois semaines demain.

— Parfait ! On peut donc tester leur ouïe.

— Déjà ! s'écria Cathy. Est-ce que je peux le faire moi-même ?

— Certainement pas. C'est un travail de vétérinaire confirmé. Si Mme Ward est d'accord, je pourrai passer les voir samedi matin. Je vais lui téléphoner pour le lui proposer.

Le samedi, Mme Hope sortit les petits du carton l'un après l'autre et les examina attentivement.

— En pleine forme, déclara-t-elle.

— Ils ne sont pas sourds ? Comment fais-tu pour le savoir ? interrogea Cathy, anxieuse.

Sa mère sourit :

— Regarde bien, c'est un test très compliqué ! Tu es prête ?

Cathy opina, au comble de l'impatience. Mme Hope posa Dylan par terre, puis frappa fort dans ses mains. Le chaton sursauta et se retourna, surpris.

— Et voilà ! dit Mme Hope. Il n'est pas sourd.

Cathy fronça les sourcils :

— C'est tout ? Tu m'avais dit que c'était très compliqué !

Un éclair malicieux traversa les yeux de sa mère :

— J'avais besoin d'une excuse pour voir les chatons !

Puis, se tournant vers Edith Ward, elle ajouta :

— Ne vous inquiétez pas : je ne vous ferai pas payer ma visite.

Elle remit Dylan dans le carton et prit Daniel, qui passa le test avec succès, de même que Desdémone.

– Est-ce que je peux tester Daisy ? implora Cathy

Mme Hope acquiesça.

– Il ne faut pas qu'elle te voie faire le geste, expliqua-t-elle. Et ne frappe pas dans tes mains trop près d'elle : elle pourrait sentir les vibrations.

Cathy souleva doucement la petite chatte et la posa par terre. Quand Daisy eut tourné le dos, elle retint sa respiration et tapa dans ses mains. Le chaton sursauta. Cathy rit de soulagement :

– Ouf !

– Voici une portée de chatons en bonne santé, conclut Mme Hope en se redressant. C'est un plaisir de voir des animaux aussi bien soignés.

– C'est surtout Delilah qu'il faut féliciter, remarqua Edith. C'est elle qui les lave, qui les nourrit...

– Où est-elle ? demanda Cathy.

La chatte n'était plus dans le salon.

– Elle a dû aller faire un petit tour, dit Edith. Elle commence à quitter les chatons de temps en temps.

Cathy regarda par la fenêtre. Delilah traversait le jardin. Tout à coup, elle bondit sur le montant du portail.

– Madame Ward! s'écria la jeune fille. Delilah est dehors!

– Bon, je vais la chercher, soupira Edith Ward.

– Et moi, il est temps que je rentre à la maison, dit Mme Hope en ramassant son sac. Tu viens, Cathy, ou tu préfères rester encore un peu?

Un hurlement de freins empêcha la jeune fille de répondre. Elle jeta un coup d'œil affolé vers le portail:

– Delilah! souffla-t-elle.

La chatte avait disparu.

Cathy échangea un regard horrifié avec sa mère. Elle se précipita vers la rue, talonnée par Mme Hope et Mme Ward.

— Oh, non ! sanglota Edith Ward en portant les mains à sa bouche.

Delilah gisait, inanimée, au milieu de la chaussée. Elle avait les yeux fermés, et un sang écarlate jaillissait d'une blessure à sa patte. Mme Hope s'accroupit près d'elle :

— Elle respire encore. Cathy, trouve-moi vite quelque chose de plat pour la transporter. Il faut la remuer le moins possible.

— Il y a une planche dans l'abri, s'écria la jeune fille. J'y vais !

Mme Ward allait et venait avec anxiété.

– Je n'en reviens pas ! Le conducteur ne s'est même pas arrêté ! répétait-elle.

– Edith, surveillez la route pour arrêter les voitures, s'il vous plaît, lui demanda Mme Hope.

Lorsque Cathy revint, elles firent glisser la chatte sur la planche et la transportèrent sur le bas-côté. Mme Hope s'accroupit et examina délicatement Delilah :

– Elle est en état de choc. Il faut arrêter l'hémorragie et l'emmener immédiatement à la clinique. Cathy, peux-tu me passer une compresse épaisse et une bande ? Elles sont dans mon sac.

La jeune fille obéit et maintint la patte de Delilah, tandis que sa mère faisait le pansement.

– Voilà. Ça ira pour l'instant, dit Mme Hope en se relevant. Mettons-la dans la voiture.

– Vous allez la sauver ? lâcha Mme Ward, la gorge serrée.

– Je ne peux pas encore vous le promettre, Edith, dit Mme Hope. Mais nous ferons notre possible. Rejoignez-nous à la clinique, nous en saurons plus une fois là-bas.

Le trajet se fit dans un silence tendu. Cathy avait l'estomac noué et se retenait de pleurer.

— Ma chérie, appelle l'Arche des animaux pour prévenir qu'on arrive, s'il te plaît.

Cathy composa le numéro sur le téléphone portable. Son père lui répondit. Elle lui exposa brièvement la situation.

— Je prépare la salle d'opération, lui dit-il. Essaie de ne pas trop t'en faire.

M. Hope et Simon, l'infirmier stagiaire, les attendaient devant la clinique. Ils emportèrent Delilah dans la salle d'opération, pendant que Mme Hope enfilait sa blouse blanche. Cathy suivait sa mère comme une ombre :

— Je peux venir ?

Mme Hope poussa la porte de la salle d'opération.

— Pas cette fois, ma chérie.

Déçue, Cathy s'assit dans la salle d'attente.

D'ordinaire, elle était autorisée à assister aux opérations. Pourquoi pas aujourd'hui ? Cela ne fit qu'accroître son inquiétude.

Au bout d'un moment, Edith Ward entra dans la pièce.

– Où est Delilah ? demanda-t-elle d'une voix angoissée.

– Dans la salle d'opération.

Mme Ward se laissa tomber sur un siège et enfouit la tête dans ses mains. Bill arriva peu après. Sa femme lui raconta ce qui s'était passé. Il s'assit à côté d'elle et lui prit la main.

Les minutes s'égrenaient lentement.

Une demi-heure plus tard, la porte s'ouvrit sur Mme Hope. Edith se leva d'un bond :

– Alors ?

– Delilah est gravement blessée, mais nous pensons qu'elle survivra. Elle a une fracture du bassin et deux côtes cassées.

– Peut-on la voir ? demanda Bill.

– Bien sûr, suivez-moi.

M. Hope et Simon finissaient de ranger la

salle. Ils se retirèrent pour que Mme Hope puisse recevoir les Ward. Cathy s'approcha de Delilah. La chatte était étendue sur la table d'opération. Ses yeux étaient clos, mais sa respiration semblait plus calme.

Emily Hope disposa des radiographies sur un panneau lumineux :

— Par chance, Delilah s'en sort avec une fracture simple. Une fracture plus importante dans cette zone impose presque toujours l'euthanasie.

— Vous allez l'opérer ? demanda Bill Ward.

— Non. Ses blessures se répareront d'elles-mêmes. Mais il faudra plusieurs mois. Elle devra rester dans une cage au début, pour que les lésions ne s'aggravent pas.

Mme Hope éteignit la table lumineuse et décrocha les radios :

— Je vous propose de la laisser à l'Arche des animaux, le temps qu'elle se remette.

— C'est-à-dire ? demanda Edith.

— Cela dépend de l'évolution de sa guérison. Trois semaines, peut-être plus.

Vous pourrez venir la voir quand vous voudrez.

– Merci, dit Mme Ward. Mais… et les chatons ?

Un silence s'installa dans la salle. Mme Hope parut réfléchir.

– Il y a trois options, déclara-t-elle enfin. La première consiste à leur trouver une mère adoptive, une chatte qui a perdu ses petits, par exemple. Hélas, je n'en connais pas. La deuxième solution est de les nourrir au biberon…

Edith hocha la tête :

– C'est ce que j'envisageais.

– Ils devront boire toutes les trois heures, de six heures du matin à minuit. C'est presque un travail à plein temps pendant au moins trois semaines, jusqu'à ce qu'ils soient sevrés.

– Mais je travaille toute la journée ! s'affola Edith. Et Bill ne revient pas avant treize heures. Il nous faudrait quelqu'un pour nous aider !

Bill secoua la tête :

– Nous ne connaissons personne qui puisse y consacrer autant de temps. Vous avez parlé d'une troisième option…

Mme Hope soupira :

– La troisième option est d'euthanasier les chatons.

– Oh, non, je ne pourrai jamais ! s'insurgea Edith Ward.

– Non ! s'écria Cathy à son tour. Maman, c'est…

Mme Hope lança un regard sévère à sa fille :

– Cathy, s'il te plaît, va préparer une cage pour Delilah !

La jeune fille baissa la tête. Elle savait qu'elle ne devait jamais intervenir quand sa mère donnait une opinion professionnelle. Pourtant, elle ne pouvait supporter l'idée que les chatons soient euthanasiés. Elle fit demi-tour et sortit de la pièce. À peine avait-elle refermé la porte qu'elle éclata en sanglots. Son père, qui s'affairait dans la salle de réveil, s'interrompit et la considéra gravement.

– Cathy ? Que se passe-t-il ?

– Oh, papa ! hoqueta la jeune fille. C'est les chatons de Delilah !

Son père lui passa un bras autour des épaules :

– Allons, raconte-moi tout.

Le corps toujours secoué de sanglots, Cathy expliqua :

– Qui va s'occuper d'eux ? Les Ward travaillent et personne ne peut les aider à nourrir les petits... Ils vont être...

– Attends une seconde ! la coupa M. Hope. N'êtes-vous pas en vacances, la semaine prochaine ?

Cathy hocha la tête sans cesser de pleurer.

– Tu veux dire que James et moi pourrions nous en charger ?

M. Hope acquiesça.

– Mais on n'a qu'une semaine de vacances, et les chatons devront être nourris au biberon pendant presque un mois !

– C'est vrai, admit M. Hope, mais cela vous laisserait le temps de trouver quelqu'un d'autre. Ça vaut la peine d'essayer, non ? Pourquoi ne vas-tu pas en parler à ta mère ?

– Tu crois qu'elle dira oui ?
– À ton avis ?

Mme Hope et les Ward furent surpris de voir la jeune fille débouler dans la salle d'opération.

– On... On peut vous aider ! bafouilla-t-elle tant elle était pressée de leur apprendre la nouvelle. James et moi ! Nous sommes en vacances pendant une semaine. On s'occupera des chatons quand vous serez au travail.

– Pourquoi pas ? murmura sa mère. Mais que se passera-t-il quand vous retournerez à l'école ?

– On trouvera une solution, s'écria Cathy. On demandera autour de nous...

Ses yeux se firent implorants :

– Laissez-nous au moins essayer !

Mme Hope se tourna vers les Ward :

– C'est à vous de décider.

Le visage d'Edith Ward s'éclaira d'un grand sourire :

– Ce serait avec plaisir ! N'est-ce pas, Bill ?

– Bien sûr !

– Eh bien, va pour cette solution ! trancha Mme Hope.

Elle lança un regard à Cathy :

– Ce sera difficile, tu sais. Les chatons ne raffolent pas du lait en poudre. Et vous devez commencer aujourd'hui même.

– Ça m'est égal, dit Cathy, les yeux brillants de détermination. Je veux donner une chance aux petits de Delilah.

— Tu as tout ce qu'il faut? demanda James à Cathy, quelques heures plus tard.

La jeune fille opina. Son ami avait accepté de bonne grâce le programme qu'elle leur avait prévu pour les vacances. Ils s'apprêtaient donc à donner leur premier biberon aux chatons de Delilah.

Mme Ward les reçut dans la cuisine.

— Vous pouvez poser vos affaires ici, dit-elle en leur indiquant une étagère vide.

Cathy sortit le matériel de son sac à dos et montra à James comment doser le lait en poudre. Edith Ward apportait déjà Dylan et Daniel.

Après avoir essayé pendant dix minutes de les faire boire, les deux amis sentirent le découragement les gagner. Ils avaient du lait partout, et les chatons aussi. Pourtant, ces derniers ne semblaient pas en avoir avalé une seule goutte.

– Bon! soupira Cathy. Je me demande si on ne va pas devoir abandonner pour aujourd'hui.

– Voulez-vous je les tienne? proposa Mme Ward.

Elle saisit Daniel et le maintint fermement. C'était plus facile ainsi, et ils parvinrent à lui faire ingurgiter un peu de lait, ainsi qu'à Dylan. Cathy les nettoya ensuite avec un chiffon humide et les remit dans leur caisse. Les deux autres petits ne furent pas plus dociles, mais burent tout de même quelques gouttes de lait.

– Et voilà, c'est fini! dit James en les ramenant au salon.

Cathy regarda les petits chats avec

compassion. D'habitude, après avoir mangé, ils s'endormaient contre leur mère. Mais ce soir, ils erraient au fond du carton en poussant des miaulements plaintifs. Delilah leur manquait, c'était évident.

Cathy fixa un rendez-vous à son ami le lendemain matin chez les Ward. Ils nourriraient Fleur et aideraient Bill et Edith à donner aux petits persans le biberon de six heures. Puis la jeune fille reprit le chemin de l'Arche des Animaux. Elle était pressée d'avoir des nouvelles de la convalescente. Elle trouva Simon dans la salle de réveil, assis près de la cage de Delilah. L'infirmier lisait une revue.

– Comment va-t-elle ? s'enquit Cathy, anxieuse.

La chatte était étendue de tout son long sur une couverture. Elle semblait dormir.

– Elle se remet lentement, dit-il. On l'a mise sous sédatifs, pour qu'elle ne bouge pas. Ça s'est bien passé avec les chatons ?

Cathy lui fit part de leurs difficultés.

– Il faut persévérer, lui conseilla Simon. Donnez-leur le temps de s'habituer.

Le dimanche matin, Cathy arriva chez les Ward, déterminée. S'il le fallait, ils obligeraient les petits chats à boire. Elle se demandait comment Bill et Edith s'étaient débrouillés pour les nourrir, la veille au soir. Le visage tendu de Mme Ward lui confirma ses craintes.

— Il n'y a rien eu à faire ! soupira-t-elle. Du coup, ils ont miaulé toute la nuit.

— Peut-être aura-t-on davantage de chance en nous y mettant à quatre, suggéra Bill.

Mais leurs tentatives ne furent guère plus fructueuses. Les quatre chatons regagnèrent leur carton, le ventre presque vide.

— Comment allez-vous faire, tout seuls, demain matin ? s'inquiéta Edith.

— Je suis sûre que tout ira bien ! fit Cathy pour la rassurer.

En arrivant le lendemain, ils entendirent les persans miauler depuis la cuisine.

— Il n'y a plus qu'à espérer qu'ils ont faim, dit James. Je vais les chercher.

Cathy mesurait la poudre de lait quand elle entendit son ami l'appeler :

— Viens vite ! Il en manque un !

La jeune fille accourut dans le salon. Trois petites têtes blanches se tournèrent vers elle. Elle examina les griffes des chatons et conclut :

— C'est Dylan ! Il a disparu !

— Il a dû escalader le bord du carton, dit James.

Il regarda sous les chaises et derrière le canapé :

— Il ne doit pas être loin. Aide-moi à chercher !

Ils mirent le salon sens dessus dessous, sans trouver Dylan. Le petit chat n'était pas non plus dans la cuisine, ni dans l'entrée.

— Tu crois qu'il a pu sortir de la maison ? demanda James.

— Impossible : il est trop petit pour pousser la chatière.

À cet instant précis, Fleur entra dans la cuisine. Elle vint se frotter contre les jambes de Cathy.

— Il faut que j'aille lui donner à manger.

— Vas-y, je continue à chercher.

Cathy écrasa la pâtée de Fleur dans un bol et sortit, la chatte sur ses talons.

— Voilà, dit-elle en posant la nourriture sur le sol de la remise.

Elle jeta un coup d'œil dans la baignoire. Les petits de Fleur étaient couchés les uns contre les autres : le roux, le tigré…

Cathy fronça les sourcils : une oreille et une queue blanches dépassaient du tas de poils.

— Dylan !

Fleur, qui mangeait goulûment, ne semblait pas avoir remarqué l'intrus. Cathy récupéra délicatement le chaton et l'emporta dans la maison.

— James, je l'ai trouvé !
— Où était-il ? Dehors ?
— Dans la remise, avec les petits de Fleur.
— Comment est-il arrivé là-bas ? s'étonna le jeune garçon.
— Aucune idée. Mais c'était moins une ! Un peu plus, et Fleur le remarquait. Qui sait comment elle aurait réagi ?
— Bon… J'espère que sa promenade lui aura creusé l'appétit.

Mais Dylan se montra encore moins coopératif que d'ordinaire. Il refusait catégoriquement d'ouvrir la gueule. Du lait lui coula dans les yeux.

— On laisse tomber ! décida Cathy. Ça ne sert à rien de le barbouiller. Passons aux autres.

À leur grand soulagement, Desdémone, Daisy et Daniel acceptèrent un peu de lait.

Le soleil brillait lorsque Cathy et James quittèrent la maison des Ward. Tout à coup, la jeune fille eut une idée :

— Si on sortait les petits de Fleur ? Ils pourraient jouer sur la pelouse.

La chatte suivit Cathy et James dans le jardin. Elle renifla ses petits lorsqu'ils les posèrent dans l'herbe et alla s'étendre à l'écart.

Les trois chatons firent quelques pas prudents. Puis Cerise plongea dans une touffe de pâquerettes. Pêche fixa longuement un pétale de fleur de cerisier et bondit pour l'attraper. William se précipita sur elle. Ils roulèrent l'un sur l'autre, enchevêtrant leurs pattes et leurs queues.

– Fleur va bientôt leur apprendre à chasser, dit Cathy.

La jeune fille était pensive :

– Il faut aussi qu'on sorte les chatons de Delilah, s'écria-t-elle. On doit les élever comme leur mère l'aurait fait. Leur organiser des jeux de chasse, leur apporter des jouets…

– Je te rappelle qu'on retourne en cours la semaine prochaine, la tempéra James. On doit surtout trouver quelqu'un pour les nourrir après nous.

Cathy se mordit les lèvres. Elle avait complètement oublié le collège.

– C'est vrai, soupira-t-elle, c'est le plus important. Mais on va y arriver ! s'écria-t-elle en se ressaisissant. Fais-moi confiance.

11

Le matin suivant, Cathy et James durent pourtant se rendre à l'évidence : ni l'un ni l'autre n'avait trouvé de solution pour les chatons. Et ce n'était pas faute de s'être creusé la tête !

— Quel dommage que mes grands-parents soient en voyage, dit Cathy en précédant son ami dans le salon des Ward.

Elle s'arrêta net :

— Ça alors !

James s'approcha du carton et écarquilla les yeux. Cette fois, deux petits persans manquaient à l'appel. Cathy examina les griffes des deux autres avant de conclure :

— Dylan et Desdémone ont disparu !

Elle explora rapidement le salon sans les trouver. James inspecta la cuisine, sans plus de succès.

— J'espère qu'ils ne sont pas retournés dans l'appentis ! fit Cathy, inquiète. Allons voir tout de suite !

Les craintes de la jeune fille furent bientôt confirmées. Pelotonnés contre les chatons de Fleur, deux petits chats blancs dormaient paisiblement dans la baignoire.

— Incroyable ! souffla James.

— Vite ! chuchota Cathy. Emmenons-les avant que Fleur ne les remarque !

Ils recueillirent les fugueurs au moment où la chatte pénétrait dans l'appentis. Dylan et Desdémone se mirent à miauler.

— Chut, chut ! dit Cathy.

Fleur se figea et leva les yeux vers les boules de poils blancs. Puis, se dressant sur ses pattes arrière, elle s'appuya contre la jambe de Cathy.

— Tout va bien, Fleur, lâcha précipitamment la jeune fille. Ne t'inquiète pas, on les emporte.

Ils coururent dans le salon.

— Ouf! De justesse, fit James en posant Dylan dans la boîte. Mais je ne comprends vraiment pas comment ils font pour sortir de là. Les bords sont bien trop hauts.

— Il faut absolument les empêcher de se sauver! trancha Cathy.

— Ça suppose de comprendre comment ils s'y prennent, rétorqua James. Si on se cachait pour les espionner?

Résolus à percer le mystère, les deux amis se postèrent dans le jardin, devant la fenêtre du salon. Au bout d'un quart d'heure, rien ne s'était passé.

— Je commence à avoir froid, dit Cathy. Je me demande si…

Elle s'interrompit en voyant Fleur surgir dans le salon:

— Viens vite! Il ne faut pas qu'elle s'approche des petits de Delilah.

Mais avant qu'elle ait pu faire un geste, la chatte avait sauté dans le carton.

— James !

Ils firent irruption dans la pièce au moment où Fleur sortait de la boîte. Et elle portait un chaton dans la gueule !

James allait l'intercepter lorsque Cathy l'arrêta :

— Attends ! Elle ne lui fait pas de mal. Je veux voir ce qu'elle va faire !

Ils laissèrent la chatte les dépasser et la suivirent de loin. Fleur traversa la cuisine à pas feutrés et pénétra dans la remise. Elle bondit dans la baignoire, où elle déposa délicatement le petit persan.

— Je comprends mieux…, murmura Cathy.

Ils reculèrent sous le cerisier, et observèrent la chatte tigrée, qui retournait dans la maison. Elle réapparut bientôt avec un autre chaton persan dans la gueule, et l'emporta dans l'appentis. Après avoir recommencé le manège une dernière fois, elle demeura dans la remise.

— Il en reste un, dit Cathy en fronçant les sourcils. Pourquoi ne revient-elle pas ?

Le spectacle que les deux amis découvrirent dans l'abri de jardin les laissa sans voix. Étendue sur le côté, Fleur allaitait les trois petits de Delilah, en plus des siens.

— Incroyable ! souffla Cathy. Elle les a adoptés.

— C'est génial ! renchérit son ami.

Cathy songea tout à coup au petit chat resté seul :

— Bon… Je crois qu'on va devoir s'occuper nous-mêmes du dernier.

De retour au salon, ils trouvèrent Daniel debout dans le carton. Le bébé chat miaulait pitoyablement. Cathy l'emmena dans la cuisine et le dorlota, tandis que James préparait un biberon.

Le petit persan but quelques gouttes de lait avant de détourner la tête. Avec un soupir, la jeune fille l'installa dans le creux de son bras et commença à le bercer.

Le bruit de la chatière lui fit lever les yeux. Fleur venait d'entrer dans la cuisine.

— Fleur ! appela-t-elle.

La chatte s'approcha. Cathy retint sa

respiration et déposa doucement Daniel par terre :

— Je t'en prie, prends-le.

Après un moment d'hésitation qui parut durer un siècle aux deux amis, la chatte tigrée saisit le chaton par la peau du cou, fit demi-tour et se mit à trotter vers la remise.

— Voilà un samedi après-midi comme je les aime ! s'écria Cathy, quelques jours plus tard.

James et elle étaient assis sur la pelouse des Ward, en compagnie du facteur et de son épouse. Ils regardaient les sept petits chats folâtrer dans l'herbe, autour de Fleur. Ils avaient un mois à présent, et ils devenaient plus vifs d'heure en heure.

— Je n'en reviens toujours pas qu'elle ait adopté les chatons de Delilah, murmura Bill en caressant la tête de la chatte.

Edith Ward souleva Daisy, qui tentait de grimper sur sa jambe :

— Ça va être déchirant quand il nous faudra se séparer d'eux.

– Vous leur avez trouvé des foyers ? demanda Cathy.

– Oui, lui apprit Edith. Pour Desdémone, Daniel et Dylan. Nous garderons Daisy.

Alors que Cathy et James pédalaient sur le chemin du retour, une question surgit dans l'esprit de la jeune fille :

– Les petits de Delilah ont trouvé des familles adoptives. Mais que va-t-on faire de Pêche, Cerise et William ?

– Bonne question ! reconnut James. Il est temps de leur chercher un toit.

– Ce n'est pas gagné ! soupira Cathy, qui avait l'expérience de ce type de situation.

– Et Fleur ? reprit James. Qui va s'occuper d'elle ? Personne n'a répondu à nos petites annonces.

– Ce sera encore plus difficile. Les gens ne veulent pas adopter un chat adulte.

Cathy réfléchissait toujours à ce problème quand elle s'assit à la table du dîner, ce soir-là. Elle consulta ses parents.

— Pour les petits, tu pourrais mettre une annonce à la clinique, suggéra Mme Hope.

— Il y a déjà deux affiches qui proposent des chatons sur le tableau, marmonna Cathy.

— Bon, alors je vais en parler pendant mes visites, promit M. Hope. Quant à Fleur…

Cathy regarda ses parents avec espoir :

— Maman…

— Non ! la coupa Mme Hope en apercevant dans le regard de sa fille une petite lueur. Il n'en est pas question, Cathy ! Tu connais la règle. Nous ne pouvons pas prendre en charge les animaux abandonnés. Nous serions débordés.

La jeune fille soupira. Ses parents étaient inflexibles sur ce point.

— Peut-être que les Ward l'adopteront, dit-elle. Je vais leur demander.

Mme Hope fronça les sourcils :

— Je croyais qu'ils voulaient garder un des petits de Delilah ?

— C'est vrai.

— Alors je suppose qu'ils ne voudront pas

d'autre chat. Tu peux toujours leur poser la question, mais ne te fais pas d'illusions.

À cet instant, le téléphone sonna. Mme Hope se leva de table :

— J'y vais. C'est moi qui suis de garde.

Cathy et son père tendirent l'oreille.

— Ah… D'accord… Je vois… Beaucoup?… Bon, j'arrive immédiatement !

Mme Hope reposa le récepteur et lâcha précipitamment :

— C'était Lydia Fawcett. Elle a une chèvre malade. Je file !

— Laquelle ? Qu'est-ce qu'elle a ? voulut savoir Cathy.

— Henri, un jeune bouc. Il a mangé de la mort-aux-rats.

— Oh, non ! Je peux t'accompagner ?

Mme Hope accepta d'un signe de tête.

— Bonne chance, leur cria M. Hope tandis qu'elles montaient dans la Land Rover.

Lorsque Cathy et Mme Hope atteignirent la ferme de High Cross, il faisait nuit noire. Une lumière brillait dans la bergerie.

– Vite, Cathy !

La jeune fille pénétra dans le bâtiment derrière sa mère. Son cœur battait à tout rompre. Lydia était assise dans l'enclos de Henri. La tête du petit bouc reposait sur la paille. Sa respiration était haletante et ses yeux mi-clos.

– Il est comme ça depuis une demi-heure, leur apprit la fermière, bouleversée.

– Montrez-moi l'emballage du poison, demanda aussitôt Mme Hope.

– Il est dans la cuisine. Je vais le chercher.

Lydia se précipita dehors. Emily Hope commença à ausculter Henri en silence.

– Est-ce qu'il va s'en sortir, maman? l'interrogea Cathy.

Elle s'accroupit à côté du jeune bouc et lui caressa la tête.

– Ça dépend du poison qu'il a avalé.

Lydia réapparut avec un grand pot en plastique. Elle le tendit à Mme Hope.

– C'est la première fois que j'utilise de la mort-aux-rats. Je l'ai achetée ce matin, et j'en ai mis dans mon local à grains. Mais Henri s'est échappé, et quand je l'ai retrouvé, il avait presque tout mangé. Ça, et un demi-sac d'orge.

Mme Hope consulta l'étiquette du pot.

– Ça va aller, lâcha-t-elle enfin. C'est un poison fatal pour les rongeurs, mais sans grand danger pour les chèvres.

Elle sortit une seringue de son sac:

— Je vais lui faire une injection de vitamine K.

— Après, il ira mieux ? s'inquiéta Cathy. Il a l'air tellement mal en point !

Sa mère sourit :

— Dans vingt-quatre heures, il n'y paraîtra plus. À mon avis, il a surtout mal au ventre parce qu'il a mangé trop d'orge. Je vais aussi lui donner quelque chose pour faciliter la digestion.

Lydia parut embarrassée :

— Je suis désolée de vous avoir dérangée. J'ai vraiment cru que c'était grave.

— Ne vous inquiétez pas. Le principal, c'est qu'il se remette rapidement. Et maintenant, je prendrais bien une tasse de thé…

— Bien sûr !

Cathy et sa mère suivirent Lydia dans la cuisine.

— Qu'est-ce que vous allez faire contre les souris, finalement ? lui demanda Mme Hope.

— Je ne sais pas. En tout cas, le poison, c'est fini ! C'est trop dangereux pour les chèvres.

Emily Hope fit un clin d'œil à sa fille :

— Vous devriez prendre un chat.

Cathy tressaillit. Elle se rappelait le « non » catégorique de son amie quand elle lui avait suggéré la même chose, il y a quelques semaines. Mais elle allait peut-être changer d'avis, après ce qui s'était passé ce soir. Elle renchérit :

— Maman a raison, Lydia. Tu pourrais prendre un des petits de Fleur…

— Voyons, Cathy ! s'exclama Lydia. Tu sais ce que je pense des chats.

— Mais ce serait la solution idéale ! insista la jeune fille. Sinon, comment veux-tu te débarrasser des souris ? Tu m'as dit qu'elles ignoraient les pièges, et tu ne peux plus mettre de poison.

Il y eut un long silence. Lyda hochait la tête d'un air dubitatif.

— Bon, peut-être, admit-elle finalement.

— Et les petits de Fleur sont vraiment affectueux ! reprit Cathy.

— Vous devriez venir les voir, proposa Mme Hope. Cela ne vous engage à rien.

– Tu pourrais même les prendre tous les trois ! tenta Cathy. Comme ça, ils continueraient à vivre ensemble !

– Ah, non ! Une chose est sûre : je n'en veux pas plus de deux.

Une ombre passa sur le visage de la jeune fille, mais elle se ressaisit. Au moins, deux chatons seraient tirés d'affaire.

– Mais oui, viens les voir ! implora-t-elle. Tu vas les adorer !

– Entendu, marmonna Lydia. Je passerai ce week-end. Mais je ne promets rien, nous sommes bien d'accord ?

Le samedi suivant, James et Cathy arrivèrent de bonne heure chez les Ward. Ils voulaient pomponner Pêche, Cerise et William avant l'arrivée de Lydia.

– Regarde comme ils sont craquants ! s'extasia Cathy lorsqu'ils eurent terminé.

Au même instant, le portillon du jardin grinça. La jeune fille se retourna et aperçut Lydia :

– Génial, tu es venue !

– Oui, me voilà ! Alors, où sont ces fameux chats ?

– Par ici.

Cathy retint sa respiration tandis que Lydia observait de loin les boules de fourrure blanche, rousse et tigrée.

Pêche s'approcha de la fermière d'un air digne et bondit sur son pied, toutes griffes dehors. Lydia rit et l'attrapa. La petite chatte miaula.

– Alors ? dit Cathy.

Lydia ne répondit pas. Elle regardait le chaton avec intérêt. Pêche cligna des yeux. Puis elle pencha la tête, et vint brusquement la frotter contre la poitrine de la fermière.

Le visage de Lydia s'éclaira d'un sourire.

– J'ai peut-être bien besoin d'un chat, finalement, déclara-t-elle.

– Oh, Lydia ! C'est formidable !

– Lequel ? demanda James.

Elle désigna Pêche du menton :

– Tu crois que c'est une bonne chasseuse ?

– Excellente ! lui garantit Cathy.

— Alors, je l'adopte.

Lydia regarda William, qui se bagarrait avec une jonquille, étendu sur le dos.

— C'est un sacré numéro, celui-là aussi !

James sourit :

— Ça, oui !

— Alors, je le prends aussi, décida Lydia. Ils se tiendront compagnie.

Cathy souleva la petite Cerise :

— Et elle ? Tu ne vas pas la laisser toute seule…

Mais Lydia n'était pas prête à se laisser attendrir. Elle secoua la tête :

— Non. Deux, ça me suffit.

La jeune fille soupira. Lydia s'approcha de William et le prit avec précaution.

— Tu me plais beaucoup, lui dit-elle.

Elle contempla les deux chatons blottis dans ses bras.

— Des chats, murmura-t-elle, émue. Je vais avoir des chats !

De retour à l'Arche des animaux, Cathy rendit visite à Delilah. La chatte tournait en rond dans sa cage. Elle semblait s'ennuyer ferme. La jeune fille la sortit pour la brosser :

– Tu vas bientôt rentrer chez toi, lui murmura-t-elle.

Mme Hope poussa la porte du cabinet :

– Il m'avait bien semblé t'entendre. Comment ça s'est passé avec Lydia ? Elle va prendre un chaton ?

– Deux, dit Cathy. Elle a choisi Pêche et

William. Il ne reste plus qu'à trouver une solution pour Cerise et Fleur.

Mme Hope considéra sa fille avec sérieux :

— Tu devrais téléphoner à Betty Hilder, du refuge des animaux, pour lui dire que tu vas les lui apporter. Elle pourra commencer à leur chercher une famille.

— Mais ça ne dérange pas les Ward qu'elles restent dans leur remise, protesta Cathy. Si Fleur et Cerise vont au refuge, elles seront enfermées dans des cages.

— Les cages du refuge sont grandes. Et Betty trouvera plus facilement une maison pour Cerise tant qu'elle est encore bébé.

— Et Fleur ? demanda Cathy. Personne ne veut d'une chatte adulte. Elle va rester enfermée pendant des siècles !

Mme Hope soupira.

— C'est vrai, admit-elle. Mais tu ne peux pas demander aux Ward de la garder indéfiniment. Plus tôt Betty sera prévenue, mieux ce sera.

— Mais, maman…

— Il n'y a pas de « mais » qui tienne,

Cathy ! Appelle Betty. C'est la seule chose intelligente à faire.

Assise dans la cuisine, la jeune fille décida de dresser une liste de gens susceptibles d'offrir un toit à Fleur. Elle n'avait pas encore écrit un seul nom quand sa mère entra dans la pièce. Elle portait Delilah dans ses bras :

– Bill et Edith viennent la voir. Je les installe au salon, c'est plus confortable que la salle d'attente... Tu as appelé Betty ?

La jeune fille secoua la tête.

– Cathy...

– Je vais le faire, maman !

Elle entendit sa mère accueillir les Ward et fonça au salon pour assister aux retrouvailles. La chatte se frotta contre les jambes de ses maîtres en ronronnant.

– Elle va beaucoup mieux, dit Mme Hope. S'il n'y avait pas les chatons, je la laisserais rentrer avec vous. Mais je préfère être prudente. Ses os sont encore fragiles. Nous allons attendre que les petits soient dans leurs nouvelles maisons.

– Mais nous gardons Daisy, lui rappela Bill Ward. Elle sera là au retour de Delilah. Cela pose-t-il un problème ?

– Non, soyez simplement vigilants, conseilla Mme Hope.

– Entendu, fit Mme Ward. À propos de Daisy, nous voulions vous poser une question. Il paraît qu'on peut implanter une puce électronique aux chats, afin de les retrouver s'ils se perdent…

– Oui. Et c'est une excellente idée. La puce contient les coordonnées du propriétaire. Il suffit de la scanner pour avoir accès à ces informations.

Soudain, Cathy dévisagea sa mère. Une pensée venait de la frapper.

– Maman ! Et Fleur ? On n'a jamais vérifié si elle avait une puce électronique !

Mme Hope fronça les sourcils :

– Non, en effet. Ça vaudrait la peine d'essayer.

– On va la chercher tout de suite ? trépigna Cathy.

Mme Hope interrogea les Ward du regard.

– Ne vous inquiétez pas pour nous, dit Bill joyeusement. Nous pouvons vous attendre ici avec Delilah, si vous êtes d'accord…

– Bien entendu ! Cela ne sera pas long.

Cathy attrapa une caisse pour chat en plastique et sauta dans la voiture :

– Je peux appeler James sur le portable ?

Mme Hope acquiesça.

James proposa à son amie de la retrouver à l'Arche des animaux. Il voulait être là quand Mme Hope testerait Fleur.

Comme à l'accoutumée, la chatte était allongée sous le cerisier. Elle se laissa attraper sans résister. Cathy enferma les chatons dans la remise, afin qu'ils soient en sécurité jusqu'au retour de Fleur.

James les attendait devant la clinique :

– Tu crois vraiment qu'elle a une puce ?

– Croise les doigts !

Les Ward les rejoignirent dans le cabinet de consultation. Cathy posa la chatte sur la table et la maintint fermement. Mme Hope sortit un appareil d'un tiroir. On aurait dit un lecteur de codes à barres de supermarché. Mme Hope le passa sur le cou et le dos de la chatte :

— Si elle a une puce, nous entendrons un « bip », expliqua-t-elle.

Mais l'appareil n'émit pas le moindre son.

— Essaie encore, maman…, l'implora Cathy.

L'espace d'un instant, elle sentit le découragement l'envahir. Et, soudain, un « biip ! » sonore retentit. Cathy bondit de joie et serra James dans ses bras.

— Elle en a une !

Son ami devint tout rouge. Il se dégagea précipitamment.

— Maman ! On va retrouver les propriétaires de Fleur ! reprit la jeune fille.

Mme Hope l'embrassa :

— Tu avais raison, ma chérie, bravo !

Elle nota une suite de chiffres.

— Chaque puce possède un numéro différent, dit-elle en se tournant vers les Ward. À présent, je vais téléphoner à l'organisme qui détient la base de données pour leur communiquer celui-ci. Ce sont eux qui contacteront son maître.

– Qui, lui, contactera l'Arche des animaux, devina James.

– Oui. Si les informations sont toujours exactes. Parfois, les gens oublient de signaler qu'ils déménagent… Et s'ils ne l'ont pas abandonnée volontairement, dit Mme Hope.

Le dimanche et le lundi passèrent sans que les propriétaires de Fleur se manifestent. Le doute commençait à germer dans l'esprit de Cathy. « Peut-être l'ont-ils véritablement abandonnée », songeait-elle en enfourchant sa bicyclette le mardi matin. Elle embrassa son père, qui entrait dans la clinique, enfila son sac à dos et démarra.

– Cathy !

La jeune fille freina et se retourna. M. Hope lui faisait de grands signes du bras.

– Quoi ? cria-t-elle.

— Il y a un message. Fleur a bien une maîtresse !

Cathy remonta l'allée à toute allure et se rua dans la clinique. Elle appuya fébrilement sur la touche « lecture » du répondeur.

« Euh... bonjour, dit une voix féminine. Je suis Mme Stanley. Je viens de recevoir un message concernant ma chatte. Je viendrai la chercher ce soir vers dix-sept heures. J'espère que cela vous convient. » Puis, après une pause : « J'avais presque perdu espoir. Je la cherche depuis quatre mois, vous savez. On a déménagé, et... enfin, je vous raconterai. Au revoir. »

Cathy fixa le répondeur, partagée entre la joie et la consternation. Fleur n'irait pas au refuge, elle avait une maîtresse qui l'aimait, mais...

— Et les chatons ? s'exclama-t-elle. Les petits de Delilah ne sont pas sevrés. Ils ont encore besoin de Fleur. Elle n'a pas le droit de l'emmener ce soir !

— J'ai bien peur que si, Cathy, dit M. Hope. C'est sa chatte, après tout.

Cathy secoua la tête :

– Non !

Son père lui posa une main sur l'épaule :

– Allons, ma chérie ! Si Mme Stanley est raisonnable, elle acceptera de laisser Fleur encore quelque temps chez les Ward.

– Elle aurait dû donner son numéro de téléphone ! protesta Cathy. Elle ne sait même pas que Fleur a eu des petits. Si ça se trouve, elle n'en voudra pas.

Soudain, une autre pensée l'assaillit :

– Ou alors, elle voudra les garder tous les trois. Et Lydia n'aura pas de chaton !

– Ça ne t'avance à rien de t'inquiéter ainsi, reprit M. Hope. Allez, file à l'école. Les choses vont s'arranger, tu verras.

Après les cours, Cathy et James regagnèrent précipitamment l'Arche des animaux. La jeune fille avait appris la nouvelle à son ami, qui partageait son indignation. Il fallait à tout prix dissuader Mme Stanley d'emmener sa chatte le soir même.

Comme l'heure du rendez-vous approchait,

ils s'installèrent à la réception. Jane travaillait sur l'ordinateur et semblait très absorbée. Cathy entreprit de ranger les prospectus et les piles de magazines. Posté devant la fenêtre, James faisait le guet. Mme Hope, qui était en consultation, passa la tête par la porte :

– Toujours pas de Mme Stanley ?

James répondit par la négative. Cathy se mit à faire les cent pas dans la pièce.

– Voilà une voiture ! s'écria soudain son ami.

La jeune fille se précipita à la fenêtre. Une femme sortait du véhicule. Elle avait à peu près l'âge de Mme Hope et portait une longue robe bleu foncé.

– Tu crois que c'est elle ? demanda James.

– Sans doute, c'est la première fois que je la vois.

Il fit une moue dubitative :

– À première vue, elle n'a rien d'un monstre sans cœur.

– On va bientôt le savoir…, rétorqua Cathy.

La femme pénétra dans la salle d'attente.

Elle hésita un instant, puis s'adressa à Jane :

– Euh… bonjour. Je m'appelle Janice Stanley. Je suis venue chercher ma chatte. On m'a dit qu'elle était ici.

La réceptionniste lui désigna en souriant les deux amis.

Cathy respira un grand coup et se lança :

– Votre chatte n'est pas là. Elle est chez des gens, tout près d'ici. Nous nous sommes occupés d'elle, avec James.

– Mais vous savez où elle est ? Elle va bien ?

Cathy acquiesça. Mme Stanley parut soulagée.

– En fait, reprit Cathy, elle a eu des petits.

– Des chatons ! souffla Mme Stanley.

Au même instant, Mme Hope sortit de la salle de soins avec un chien et son propriétaire.

Elle comprit immédiatement à qui elle avait affaire, et se présenta.

– Je viens juste d'apprendre pour les chatons…, dit Mme Stanley, à peine remise de ses émotions.

— Tous les chatons ? demanda Emily Hope en regardant Cathy.

La jeune fille secoua la tête. Mme Stanley les considéra avec inquiétude. Mme Hope lui expliqua aussitôt :

— Votre chatte a adopté quatre petits persans, en plus de ses trois petits à elle. Leur mère a été renversée par une voiture, et elle est en convalescence à la clinique. Votre chatte avait élu domicile dans une remise, dans le jardin des maîtres de la chatte blessée, et après l'accident elle s'est spontanément occupée des chatons.

— Ah, fit Mme Stanley faiblement.

Cathy ne put se retenir plus longtemps :

— Mais ils n'ont que cinq semaines, et ils ont encore besoin d'elle ! Je vous en prie, ne l'emmenez pas tout de suite ! Laissez-la encore quinze jours.

Mme Stanley ne répondit rien.

Elle paraissait éberluée. Emily Hope intervint :

— Je me doute que pour le moment vous n'avez qu'une envie, c'est de voir votre chatte. Voulez-vous me suivre avec votre voiture ? Ce n'est pas loin.

Mme Stanley accepta.

Dans la Land Rover, James interrogea Cathy :

— Alors, qu'est-ce que tu en penses ?

— Je ne sais pas, dit-elle en haussant les épaules. Elle a l'air sympa, mais elle n'a rien répondu quand je lui ai demandé si Fleur pourrait rester.

Mme Hope se mit à rire :

— Admets quand même que tu l'as prise au dépourvu, Cathy ! Sa chatte a disparu depuis quatre mois. Elle ne l'a pas encore retrouvée qu'elle apprend tout en bloc : elle a eu des petits, elle a adopté une autre portée... Et, pour couronner le tout, tu ne veux pas qu'elle la récupère aujourd'hui !

Cathy se sentit rougir.

— Tu dois avoir raison, reconnut-elle.

15

Bill et Edith Ward attendaient dans leur jardin. Mme Hope leur avait téléphoné pour les prévenir.

– Comment est-elle ? demanda Edith Ward à Cathy. Tu crois qu'elle voudra bien laisser Fleur quelque temps encore ?

Mme Stanley arriva avant que Cathy ait pu répondre. Elle poussa le portillon et traversa la pelouse à grands pas. Parvenue à la hauteur du cerisier, elle s'arrêta net :

– Fleur !

Cathy et James se regardèrent, interdits.

La petite chatte s'était immobilisée au son de la voix de sa maîtresse. Puis elle fila comme une flèche vers Mme Stanley.

Cette dernière s'agenouilla et ouvrit les bras. Fleur lui posa les pattes avant sur l'épaule et commença à frotter sa tête contre sa joue.

— Ma petite Fleur ! s'écria Mme Stanley, la voix étranglée par l'émotion.

Lorsqu'elle se releva, Cathy n'y tint plus :

— Comment saviez-vous qu'on l'avait appelée Fleur ?

— Je ne le savais pas. Pourquoi ? Tu veux dire que vous l'avez appelée Fleur, vous aussi ?

Cathy hocha la tête et expliqua à Mme Stanley les raisons de ce choix.

— C'est pareil pour moi. Je l'ai vue se rouler dans les fleurs quand elle était bébé, dit Mme Stanley.

La jeune fille rit :

— Pas étonnant qu'elle se soit habituée si vite à son nouveau nom !

— Bon, si nous faisions les présentations ? intervint Mme Hope.

Les Ward s'approchèrent et saluèrent la nouvelle venue :

– Notre chatte, Delilah, a été accidentée, expliqua Edith. Fleur s'est occupée de ses petits.

– Edith et Bill ont nourri Fleur qui errait dans leur jardin, dit Mme Hope. C'est ainsi que tout a commencé.

– C'est vrai, confirma Bill. On la trouvait bien maigre ! Et j'avais remarqué qu'elle attendait des petits.

Cathy s'aperçut que Mme Stanley souriait avec gratitude.

– M. et Mme Ward ont vraiment été formidables, ajouta-t-elle. Ils ont aussi aidé Fleur quand elle a été malade en mettant ses petits au monde.

– Vous avez tous été si gentils ! s'écria Mme Stanley. Je ne sais comment vous remercier.

Cathy sauta sur l'occasion :

– Les chatons seront complètement sevrés dans deux semaines. Si seulement Fleur pouvait rester encore un peu…

Mme Stanley paraissait indécise :

— Je veux bien croire qu'ils aient besoin de Fleur. C'est juste que…

Elle regarda la chatte, qui ronronnait dans ses bras :

— Elle m'a tellement manqué ! Nous étions en plein déménagement quand elle a disparu. Je l'ai cherchée partout. Je suis revenue plusieurs fois… J'avais perdu espoir quand j'ai reçu votre message. Je sais que je devrais la laisser ici, mais…

Sa voix se brisa :

— Je ne sais pas si je pourrai le supporter !

Cathy et James échangèrent des regards anxieux. La partie était loin d'être gagnée.

— Attention ! s'exclama soudain Emily Hope en désignant un petit persan. Il va l'attraper !

Cathy se retourna précipitamment. Une grosse abeille rampait lentement dans l'herbe, au pied de l'arbre. Daisy la fixait, fascinée. Elle lui donna un petit coup de patte. L'abeille bourdonna. Daisy inclina la tête sur le côté. La jeune fille comprit les intentions de la petite chatte.

— Elle va essayer de la manger! s'exclama-t-elle.

— Il faut l'en empêcher, souffla Mme Stanley.

Mais, déjà, Fleur avait sauté à terre et fonçait vers Daisy. Elle l'envoya valser d'un coup de patte. Le chaton roula sur le dos, hors de danger.

Tout le monde soupira de soulagement.

Cathy courut vers Daisy et la prit dans ses bras :

— Vilaine petite chatte! Il ne faut pas jouer avec les abeilles. C'est dangereux!

Mme Stanley soupira :

— Je viens de comprendre pourquoi je ne peux pas emmener Fleur. Ils ont vraiment trop besoin d'elle.

Cathy sentit une vague de joie la submerger :

— Oh, merci, merci! C'est seulement pour deux semaines, vous savez…

— Vous pourrez venir la voir quand vous voudrez, ajouta gaiement Edith Ward.

— Avec plaisir. Après tout, j'ai déjà une occasion de me réjouir : je suis venue chercher un chat, je repartirai bientôt avec quatre.

— Vous allez garder les trois chatons ? s'alarma James.

Cathy retint sa respiration en attendant le verdict de Mme Stanley.

— J'aimerais bien, mais je n'ai pas assez de place. Je n'en garderai qu'un.

Elle contempla la petite Cerise, qui jouait avec les fleurs de cerisier :

— Et je sais déjà lequel.

— Cerise ? demanda Cathy en suivant son regard.

— Elle ressemble tellement à Fleur quand elle était petite ! dit Mme Stanley. Mais ne vous inquiétez pas : je trouverai des familles pour les deux autres.

Cathy explosa :

— Mais nous leur avons déjà trouvé une maison ! Ils seront ensemble, dans une ferme…

Mme Stanley écarquilla les yeux :

— Ah bon ?

Mme Hope crut bon de la rassurer encore une fois :

— Tout était arrangé avant que Cathy pense à regarder si Fleur avait une micropuce. Une amie des enfants leur a proposé d'adopter les chatons. Ils seront très bien traités dans sa ferme.

Mme Stanley sourit :

— Pourquoi pas ? Ce qui compte, c'est que les chatons soient heureux.

Sur ces entrefaites, Edith invita tout le monde à prendre un thé. Tandis que les adultes se dirigeaient vers la maison, James poussa Cathy du coude :

— Alors, Mme Stanley est un monstre ?

La jeune fille sourit. En guise de réponse, elle ramassa une pleine poignée de fleurs de cerisier et la lui mit dans le dos :

— Mme Stanley est géniale, et les chatons sont merveilleux !

FIN

EXTRAIT

Et voici une autre aventure
de Cathy et James
dans

Mission ours Polaires

EXTRAIT

L'ourse fit un bond quand la fléchette pénétra dans son épaule. Elle roula des yeux, découvrit ses dents et vacilla. Alicia se serra contre Cathy.

– J'espère que ça fera effet rapidement, chuchota-t-elle.

Au même instant, Hamish jaillit de derrière un tonneau. Jappant avec fureur, le petit chien fonça sur l'ourse, la queue frétillant d'excitation.

– Hamish! hurla Alicia.

– Reste en arrière! ordonna John Bruce. Il va se débrouiller tout seul.

Le cœur de Cathy battait à tout rompre. L'ourse polaire essayait de suivre le chien du

EXTRAIT

regard en tournant la tête, mais ses mouvements devenaient lents et pesants. Soudain, elle cligna des yeux et bascula sur le côté. Puis, dans un grand soupir, elle laissa tomber la tête sur ses pattes avant.

– Ne bougez pas! avertit M. Bruce. Elle n'est peut-être pas tout à fait endormie.

Le petit ours tentait désespérément de se libérer des pattes de sa mère. Il creusait la neige avec frénésie en poussant des cris aigus. Cathy aurait voulu se précipiter pour le prendre dans ses bras.

– Pauvre petit! murmura-t-elle.

Hamish continuait à aboyer de fureur, les poils hérissés.

– Est-ce qu'elle dort maintenant? demanda Alicia à son père.

John Bruce s'approcha prudemment de l'ourse. Il appuya une botte contre sa poitrine. Avec un cri terrifié, le petit se serra contre sa mère. L'ourse grogna, et sa tête partit sur le côté.

EXTRAIT

— C'est bon, annonça le shérif en enclenchant la sécurité de son pistolet.

Alicia se précipita pour attraper Hamish. Elle le souleva dans ses bras et lui couvrit la tête de baisers.

— Vilain, vilain chien! le gronda-t-elle. Tu as failli te faire dévorer!

Cathy caressa les oreilles veloutées d'Hamish. Soulagée qu'il soit sain et sauf, elle s'inquiétait maintenant pour les oursons. L'un d'eux avait disparu, et l'autre était complètement affolé.

— Est-ce qu'elle va bien? souffla-t-elle en montrant l'ourse assoupie.

— Mais oui! répondit M. Bruce. Elle va juste dormir pendant deux ou trois heures.

Il s'accroupit près de l'ourse.

— Adam, pourriez-vous sortir une seringue du sac? demanda-t-il à M. Hope. Il faudrait injecter une mini dose de tranquillisant au petit.

John Bruce tendit la main vers l'ourson,

EXTRAIT

qui tenta de se glisser sous la fourrure de sa mère. Puis le petit ours fit quelques pas à reculons et s'élança dans la direction de M. Hope.

– Attrapez-le, Adam! s'écria John Bruce.

Celui-ci bondit et écarta les bras pour lui barrer la route. Effrayé, l'ourson fit demi-tour et M. Bruce le plaqua au sol.

– Je te tiens! se réjouit-il.

Adam Hope prépara la piqûre et planta l'aiguille dans le cou du petit. Quelques secondes plus tard, l'ourson relâcha ses muscles et s'endormit profondément.

– Ouf! dit John Bruce. Il est plus costaud qu'il en a l'air!

– C'est une femelle, annonça M. Hope. Elle doit avoir à peu près sept mois.

– Elle est adorable! s'exclama Cathy.

Elle caressa la fourrure rugueuse et très sale, enchantée de toucher un vrai ours polaire.

– Que va devenir l'autre petit? demanda-t-elle avec anxiété.

EXTRAIT

— Ne t'inquiète pas, répondit M. Bruce. Il n'a pas dû aller bien loin. Je vais envoyer des hommes à sa recherche dès qu'on aura chargé ces deux-là dans le camion.

Il détacha l'émetteur radio de sa ceinture et résuma la situation aux membres de son équipe.

Bientôt, une Land Rover s'arrêta derrière eux et les collègues du shérif polaire en descendirent. Un des hommes examina les oreilles de la grande femelle.

— Pas d'étiquette, pas de tatouage, constata-t-il. C'est la première fois qu'on l'attrape.

— Elle est maigre, commenta un autre. La pauvre, elle doit s'épuiser à nourrir ses deux petits !

— Papa ? intervint Alicia. Je voudrais ramener Hamish à la maison. Il est gelé.

— Demande à quelqu'un de t'y conduire, ma chérie. Je veux transporter ces deux-là au

EXTRAIT

refuge des ours polaires avant qu'ils ne se réveillent. Et je dois aussi former une équipe pour rechercher l'ourson disparu.

— Je raccompagne Alicia, proposa un collègue du shérif. Puis je partirai à la recherche du petit.

— Merci Bill, dit M. Bruce. Vas-y avec Dale. Prévenez-moi par radio si vous le trouvez.

Il jeta un coup d'œil sur sa montre. Il n'était que trois heures, pourtant le jour déclinait déjà.

Alicia porta Hamish dans la Land Rover.

— Au revoir, tout le monde! lança-t-elle en posant le chiot sur le siège du passager.

— Au revoir, Alicia! répondit Cathy. J'espère qu'Hamish va se remettre de ses émotions.

Elle se tourna vers son père:

— M. Bruce a dit qu'il allait conduire les ours polaires au refuge. De quoi s'agit-il?

— C'est un bâtiment où on enferme les ours

EXTRAIT

pour les empêcher de revenir en ville. On les relâche dès que la baie est gelée.

– Est-ce qu'on peut leur rendre visite là-bas ? demanda Cathy.

Son père secoua la tête :

– Non, je ne crois pas. Ce n'est pas un zoo. Les ours ne sont même pas nourris. On leur donne juste de l'eau.

Le soir tombait, et des lumières commençaient à s'allumer un peu partout. Cathy eut une pensée pour le petit ours qui errait tout seul dans la ville.

– John, peut-on vous aider à chercher l'ourson disparu ? proposa Mme Hope.

– Merci, Emily, répondit M. Bruce, mais je préférerais que vous m'accompagniez au refuge. C'est le plus urgent. Après, on donnera un coup de main à Bill et à Dale.

Il releva la tête :

– Ah, voilà Mike !

Un grand camion à plateau reculait dans la

rue étroite. Le conducteur sauta à terre. M. Bruce s'approcha et, avec l'aide de Mike, tira l'ourse polaire sur une civière de toile.

Puis ils la hissèrent sur la plate-forme arrière. Adam Hope déposa doucement la petite ourse contre elle. Son minuscule museau disparut dans les longues mèches de fourrure de sa mère.

– Et voilà ! dit John Bruce avec satisfaction. Ils sont prêts pour le voyage.

Il remballa rapidement son équipement, puis se tourna vers Cathy et ses parents :

– Allons-y ! Il n'y a pas un instant à perdre. Regardez ! Il hocha la tête en direction du véhicule.

Cathy sursauta en voyant la grande femelle ouvrir un œil. Elle tentait de soulever la tête.

– Allez, tout le monde dans le camion ! ordonna John Bruce. On récupérera votre 4x4 au retour.

EXTRAIT

Découvre vite la suite de cette histoire
dans
Mission
ours Polaires
N° 328 de la collection

ÉCRIS-NOUS !

Chère Lucy Daniels,

Comme Cathy et James, j'adore les animaux. Un jour, j'ai trouvé un chien qui était abandonné au bord d'une route. Avec mes parents, on l'a recueilli à la maison en attendant. Et puis on s'est attachés à lui et on l'a gardé. Maintenant, il fait partie de la famille.

Margaud, 11 ans.

RÉPONSE

Voici une histoire qui se termine bien pour tout le monde ! Ton chien a trouvé un bon foyer, et tes parents et toi avez un fidèle compagnon. Malheureusement, les parents n'acceptent pas toujours de garder un animal chez eux. Dans ce cas, il ne faut pas hésiter à prévenir une association qui recueille les animaux.

TOI AUSSI,
TU AIMES LES ANIMAUX ?

Si tu as envie

de nous confier les joies et les soucis
que tu as avec ton animal,

si tu veux

nous poser des questions
sur l'auteur et ses romans,
ou tout simplement nous parler
de tes animaux préférés,

n'hésite pas à nous écrire !

Bayard Éditions Jeunesse
Collection "100 % Animaux"
3, rue Bayard
75008 Paris

Attention !
N'oublie pas d'écrire ton nom et
ton adresse si tu veux qu'on te réponde !

Partage ta passion des animaux avec Cathy et James !

301. Il faut retrouver Perle !
304. Les larmes du dauphin
305. Le panda abandonné
310. Réglisse a disparu !
311. Sauvons les poulains !
312. Une girafe en péril
313. Comment sauver Harry ?
314. Perdue dans la nuit
315. Qui veut adopter un chaton ?
316. Un hamster trop gourmand
317. Une maison pour Marco et Polo
318. Flibuste est un coquin !
319. Prince ne doit pas courir !
322. Le Noël du chien de berger
323. Perdu dans la savane
324. Nanook, chienne des neiges
325. Un singe en danger
326. Des poneys en liberté
327. Seul dans la ville
328. Mission ours polaires
329. Sept chatons à nourrir

501. Une belle amitié
502. Une histoire d'amour
503. Une chasse au trésor
504. Une naissance difficile
505. Prisonniers
506. Le fleuve enchanté
507. Un nouveau défi
508. Le prince des mers
509. Disparitions mystérieuses

Imprimé en Allemagne par Clausen & Bosse